U0019023

NOT TO SCALE

重新丈量世界

二十一世紀數位時代知識論！

How the Small Becomes Large, the Large Becomes Unthinkable, and the Unthinkable Becomes Possible

劉盈成——譯

written by

JAMER HUNT

【目錄】

引言──十億位元有多重？

氣泡水平儀及溫度計、指南針及鬧鐘，在過去，這些東西都是在工廠裡製作，可以放進工具箱或擺在床邊小几的用品，以備不時之需。如今它們成了必備的小工具，整批免費安裝於智慧型手機，只消拇指一掃、指尖一點，就可以使用。

從感官到度量

孩童時期，我們拿著一小塊軟木、一根縫衣針和磁石拼湊一個指南針，或者用木棍和石頭來組成一個日晷儀；而智慧手機裡的指南針及鐘錶，則是由小型迴路、電子、一行行的程式碼與發亮的畫素組成，說不定還是小精靈撒了仙子粉做成的。這些技術工具憑空成了手機內部的功能，簡直像魔法一般神奇。很少人知道如何檢修手機裡的指南針，更別說有那種企圖。我們上哪兒才能找到這些東西，何況，「它們」到底是些什麼？

再者，水平儀、溫度計、指南針及時鐘，每樣小工具都幫助我們在某些層面掌握了尺度和比例。它們將定位、溫度、方向及時間等看不見的力量組成了知覺可見之物，讓我們**由感覺轉為度量，由混沌走向秩序**。

氣泡或蒸餾液水平儀測定了平面，讓我們安處於天地之間，它的運作原理不證自明：一根玻璃管注滿了染色酒精

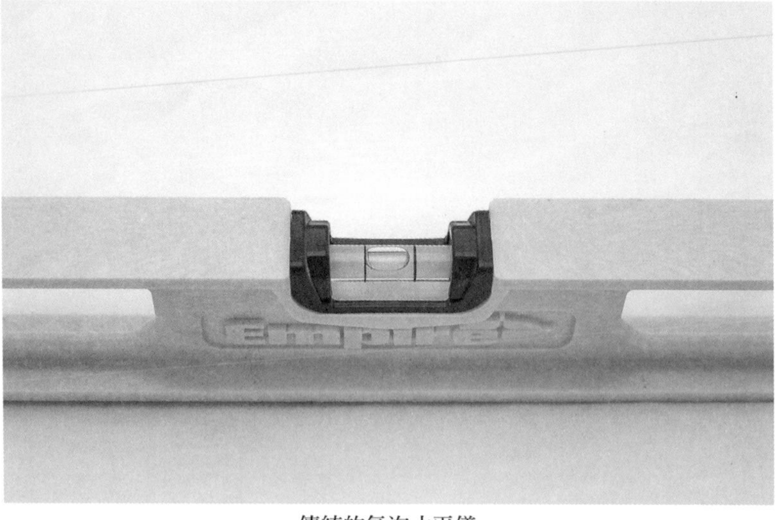

傳統的氣泡水平儀

（即蒸餾液），裡面裝有一個氣泡。氣泡會依一個平面的水平程度往左邊或右邊、上方或下方傾斜。如果它平穩地處在機器所刻的記號——也就是刻度——之間，那麼那個面就是水平或垂直的。

溫度計的原理也類似這般簡單明瞭：在密封的細玻璃管裡注入一滴水銀。水銀對溫度很敏感，遇熱膨脹、遇冷則收縮，只要這根管子垂直擺放，水銀就會隨著溫度的升降而升降。刻度的標記提升了量的準確度，幫助我們判斷今天的天氣溫度，是穿薄的運動衫、或者是厚一點的外套出門。

水平儀、溫度計、指南針和鬧鐘全都展現出精工與巧技，再平常不過地讓人確認而且放心地信賴它們的運作，因為它們都跟某種看似難以掌控的力量交涉與互動，讓這些力量變得可知而可見。

工程師和設計師把這些工具轉化為各種功能，將它們納入智慧型手機的五臟六腑，讓那半痴愚的物件——也就是行動電話——搖身一變成為一把加強版的多功能瑞士軍用刀。到了二〇一九年，蘋果的應用軟體庫已經有了兩百多萬個應用軟體，也就是說，你

數字水平儀

我的智慧型手機可以供應多達兩百萬種不同的功能配置。

把可見、可知、物質性的東西去除了物質性，化為無限小的亮光畫素，不只改變了我們過去半個世紀以來的經濟與生活，也重塑了我們所知覺的世界。而像旅行代辦員、交通路況播報員這些角色，甚至過去在人行道、社區小店為我們提供服務的那些服務人員，如今更可能已經藏身於智慧手機的應用軟體內部，化為複雜而精細的演算系統。

此外，過去仰賴耐久貨物和真人而地理上彼此毗鄰的經濟體，現在慢慢轉化為一個互相連動的全球化經濟體，靠著資訊、服務、軟體和人工智慧來驅動。於是，對於那個已知世界的尺度，我們逐漸失去了名副其實的**「接觸」**。

在現代生活中，雙眼和雙耳有極長的時間沉浸在數位傳遞的環境，包括工作、觀看影視、娛樂及休閒，但這些環境條件的物質特性，人類感官實際上是無法觸及的。如果尺度就是我們在周遭環境中自我定位的方法，那麼當我們無法碰觸、嗅聞、嚐到、聽見、甚至看見尺度的運作，會發生什麼結果？

規模失控

「規模失控」❶就是當前文化關頭的一道X光，當這件事落實到設計、科技及文化等領域，在科學、政治、攝影、人類學、系統思維及企業新創之間來回跨越，尺度所闡

❶ 譯注：scale的基本意思是刻度、尺度、比例，或是指涉音階、層級、規模等。本書各處的譯法會顧及不同脈絡而變化。依照作者的觀察，尺度原本很貼近人的日常生活及物質感知，但是科學文明使得尺度逐漸脫離了日常，許多事物及現象的規模也遠離了人的掌握。由此造成的難題不再是傳統方式可以解決。作者的思路主要從宏觀、整體與動態性的角度去了解一個系統，關注整體與其各部分的互動關係，而不贊成由單一的抽象原則一體施用於系統中的各部分。

釋的微妙變動便帶來了一種扭曲作用，而且隨處可見這些扭曲。

尺度並不單單被用來測量周遭事物的大小或輕重，它更是一種令人生畏的概念框架。我們塑造了尺度，而尺度也塑造了我們，但我們卻很少留意到這點。為了在劇烈動蕩的世界中生存，唯有深刻理解「尺度」這個概念帶來的奇詭糾結，並以之思考與行動，或許才是最好的策略。

應該很少有什麼東西比「尺度」這個概念顯得更加理所當然了，不過，它也可能屬於我們注視越久就越感到迷惑的那種東西。通常一提到尺度，最簡單基本的含義就是把它當成估量物體大小的一種方式。

尺度的意義

《劍橋大字典》將「尺度」定義為：「一列數值，用來作為一套衡量或比較事物的系統。」對許多人而言，尺度就是用來組織訊息、蒐集事實的一種工具罷了。音樂家所理解的尺度，是一組特殊的音符組成架構；都市計畫員藉著尺度來區分地理上的小單位，企業把規模尺度當作衡量產量或銷售量的工具。而尺度這個概念的彈性，讓它既可有效地應用於物質屬性（如長度、質量、溫度），也可應用在不太能準確測量的事物（如頭痛、迷戀等）。

尺度讓我們掌握了那些看不見的東西。比如說，日曆和時鐘標示著月分、小時和分秒，讓我們安身於連續不斷的天文周期或一日的循環之中，而地圖和指南針則讓我們找到了空間定位。這些尺度工具曾經扎扎實實納入了我們的知覺，讓我們以為線性的時間、周而復始的日子以及基本方向，都是物理世界自然組成的一部分。實際上，尺度只不過是一種人為的建構，是我們把它加諸於眼前的事物之上，讓我們的經驗變得有意義。

感知脫離

最近我掃描了筆記型電腦的硬碟，得知它存放了超過一百八十萬個檔案。這些東西到底是些什麼、怎麼累積起來的，我一無所知。不過直到幾年前，我才知道「十億位元」是什麼意思，而現在我的硬碟即將奔向一萬億位元了。我的筆記型電腦存放了幾萬筆家人的照片、錄影片斷、抵押契據、護照申請單、音樂、書稿、密碼、做了筆記的電子書、健康檢查紀錄，還附帶了筆電本身的應用程式、作業系統……還有其他鬼才知道的東西，而且數量還在持續攀升中。

而這樣的便利之處就是，我過去二十年來的作品不再塞滿地下室的空間，沾滿塵埃。成群的檔案圖示依序排列在電腦螢幕上，取代了快要撐壞的硬紙箱。這就好像物質性的東西被分解成眾多的一與零……以及開機和關機。所有東西都在指尖的一點輕而易取，不再是原子與分子的排列組成，而是由電子與程式碼的共享基底所建立起來的。

此外，它們全被塞進一台輕薄的機器，而這台機器甚至可以毫不費力地滑進牛皮紙做的文件夾。我數據人生的足跡正不受控制的膨脹，而就在此刻，令人驚奇又吊詭的是，筆記型電腦的尺寸還在持續縮小，簡直難以置信！我的每一台新筆電都朝向容量更大而體型更加小巧的趨勢發展。大還要更大，但就某種角度來說，卻又越來越小。**大小及尺度的概念已經慢慢脫離我們對事物的感知**。

這些轉變不光是科技的革新，還引發了出乎意料、有關存在的問題。例如，我的著作生涯以及大部分的個人歷史，它們的存在形態都不再是我能看見或者觸手可及的東西了。有個想法開始在我心頭縈繞不去：我無法碰觸、無法看見它了！我的數位人生有可能在電光石火間，或某次的磕碰下就消失殆盡嗎？而這一切的喪失對於我生而為人，又意謂著什麼？

十億位元有多重？

就幾乎每個人類生存的面向來說，直到晚近以前，那些表現了我們勞動操作及個人生命的東西，我們都還可以輕鬆度量它們的分量與大小。我們可以用雙眼打量檔案櫃的尺寸，把它們抬起來惦惦重量，聞聞那散發著霉味的故紙堆，作為揣想它們年歲的線索。而如今，這些迴路和電子以某種陌生的方式形塑了我這個人，而且成為我經驗的一部分。我好奇忖度著，十億位元到底有多重？

像電子郵件這樣摩登的數位處理方式，打好一份訊息，點擊「送出」，它便掉進輸送管而飛往收件者的信箱。整個過程看似直接而明確，其實邏輯上顛覆了一般常識性的理解。一封電子郵件透過封包交換協議寄達目的地，是把送出的電子郵件細細分切成小部分，分散到多個網路伺服器的出入口，繞著全球飛躍，然後重新集合到另一端去。這類相對易懂的通訊服務多不勝數，卻遠超過大部分心思簡單的操作，而封包交換協議只是其中之一，它跟飛鴿傳書已然大不相同。

最近《編年評論》（*Chronicle Review*）有一則聳動的頭條問道：「電子郵件讓教授變笨了嗎？」[1]電子郵件啟動商業服務已有三十年，而我們還在跟這項數位轉型所造成的效應纏鬥。說故事與表演，隨著電影的視覺比例轉移到電視而有了改變；同樣的，我們的通訊方式隨著郵戳信件演進到電子信件，也有所變化。如今，一個在職專業人士一天內收到超過一百封電子郵件已經不足為奇，這是以往紙本郵件年代不曾發生的情況。

媒介的轉變促發了新的行為（熱心過頭的副本傳送、永無止盡的對話串，以及垃圾郵件），我們在其中載浮載沉，搞得我們非得質問它是否真的把我們變得蠢鈍而麻木。規模尺度的轉變——變得毫無重量、而且看來不費成本——讓社交行為發生了雪崩式的變化，而我們越來越明瞭，那種無所不在的媒介，正在扼殺我們專心致志、完成工作的能耐。

假使尺度規模的詭異出奇只出現在筆記型電腦和桌機的運作，我們大可置之不理，就當它們是科技方面的怪東西。但是，我那台筆電的窘怪之事，還只是尺度板塊大挪移現象的冰山一角。許多人都體驗過類似的經驗，只是大多數的人都沒有看出來。更嚴重的是，我們面臨的崩壞局面是具有社會影響力的，它們比起筆記型電腦容量的不足，或是電子郵件遇上的挫折，更加巨大而且無垠。

牽一髮動全身

本書探討了我們在不可預測的系統中所身處的位置，如何重塑這些系統的力量，以及我們在與它們互動之際所產生的焦慮與不安。我們渴望知道，人類那些微小又單薄的行動，要怎樣才能為這個世界帶來正面的影響。

但問題是，經過了規模改變的後續衝擊，原有的因果思維產生了顛倒及錯亂。人類花費好一番力氣推進了規模與尺度，把東西變得更大、更快、更牢固、更細緻、更重，甚至更加複雜，但規模尺度也反推回來，而且它的行為方式往往難以駕御，作用也難以衡量。這些巨大規模所解放出來的現象足以破壞這個工具本身，動搖人類的自我感知，阻礙著我們探索複雜議題的能力。

「付現還是刷卡？」或許沒有哪個問題更能精闢體現當代的窘境了。我們正在超市結帳，準備回家做一頓簡單的週二晚餐，就遇上了這個問題，它讓我們在排隊行列中突然頓住了：一項無關緊要的選擇，卻層層疊疊糾結成始料未及的議題。在那個漫不經心當下所作的決定，會不會導致要砍掉更多的樹，減少碳截存，妨礙自然冷卻的過程，並增加運輸成本？還是，我們的決定會不會讓那些有毒的、非再生性的石化燃料產品就這麼一直生產下去，而後扔進垃圾掩埋場，在日後持續污染數也數不清的世世代代？每個問題都衍生出另一個問題，讓這個星球的命運看起來茫然不定。

在單純時代看來或許是出於方便或偏好的小小決定，竟演進為一種全球規模的道德困境而變得棘手難解。關於這個問題，我曾以為自己找到了解方：我隨身攜帶一個環保帆布袋，哈哈……問題不就解決了！可是後來發現，我們買的那些重複使用的購物袋，有很多是中國製造的，在能源密集的製程中出現了含鉛的有害印料。這些工業製造的行徑不只污染了製造地點的地下水，而且含鉛的印製原料也可能溶進袋子內所裝的食物……[2]諸如此類，我那點改變作法的小聰明，很快就無濟於事了。

現金或信用卡？買下或租借？實體通路還是線上購物？搭飛機碰面或者用Skype聯絡？密碼設為公開或私密？要永續還是要方便？要快還是慢？廢物回收或是再利用？這些日常可見的兩難都是個人生活中的小事，但放大來看，它們所扮演的角色會危及社會、環境以及技術革新所造成的未來，影響十分深遠。

規模錯置

規模上出人意料的改變擾亂了事件的因果，以及我們對事物運作的理解。這些轉變重新安排了我們對這個世界的概念設定（心），以及對世界的感知（物）。過去可以藉由策略、工具、知識及身邊人手來因應許多挑戰，如今這些東西變得不再管用。不只如此，那些真正的難題簡直越來越難設定界限。

比如說，我們想改善地方上的公立學校教育，是該著眼於教室（教科書、課桌椅、燈光照明、行事曆、課程安排），還是著眼於教師？既然許多處於市中心的學區都面臨嚴重經費不足的問題，也許我們應該先關注那些學區的規模？或是關注那些有計畫削減學區經費的地區、州立或全國性的政治人物？或者該去找工會？或是針對貢獻國家歲入的稅收法進行一番研究？

然而，不管我們投入了哪些努力，或許正如某些專家指出的，一個資源不足的社區，除非鄰近地區的社會及經濟前景有所改善，否則學童的學業表現不會有任何進步。還是說，要等到我們克服了盤根錯節的種族歧視？或先改善現有的公立學校再說……有那麼多嘗試都遭遇了失敗，到底該從哪裡入手？我們幾乎連最起碼的事情都做不到，如何讓學校變得更好？

單是決定要從哪個層級來採取行動，就讓這些棘手難題顯得更加無解。例如，一名憂心忡忡的家長面對教育問題，是應該先著眼於學生、教室、學校、或者教育體系的層級，還是當地、州立或中央政府？每個層級的因素與行動成員似乎都讓局勢變得更亂；而對於教師或政治人物來說，入手處又該有什麼不同？

現在，有個相對單純的現象從四面八方襲捲而至：在過去，我們或許能從地方層級來談的事情，如今在範圍與規模上已經陷入一團巨量的糾結。這種情勢並不新鮮：幾十年來專家都告訴我們，要用全球思維配合在地行動，來因應混沌的亂局，但前提是，「全球性」思維必然是一種直接而易行的方式，倘若全球思維本身已經千頭萬緒又不靈便，乃至每道難題都像一陣無望的嘶吼，又會產生什麼結果？

當然了，相信我們自己能夠設計、策畫，並在面對這時代最令人殫精竭慮的困境時還能採取行動，自然是件好事，然而少有證據能支持人類這種優越感和自信。例如，儘管這幾十年來，科技已經有了長足的發展，但難以控制的全球氣候災變明擺在眼前，我們的因應措施仍然相對貧乏。

系統失靈

同樣的，美國（從GDP來看是世上最富有的國家）那些經濟弱勢區域裡的公立學校體系深陷泥淖，即使臉書創立人祖克柏（Mark Zuckerberg）挹注了一億美元給紐澤西州的紐華克（Newark，人口不過二十七萬五千的城市）的公立學校體系，想為那個苦難的學區改善辦學，也只淪為杯水車薪。[3]我們的政府體制淹沒在管理不當的金錢之中，而政治人物失去了協調折衷的能力；更不用說，就連哪些難題是他們不打算解決的，都達不到共識。

我們觸目所及是困乏窘迫的景象，處處可見停擺失靈或破敗的體制殘骸：公共基礎設施、健康照護、食物供應制度、極端的恐怖主義、犯罪懲治，廢棄物處理……這份清單可以一直列下去。《紐約時報》專欄作家大衛．布魯克（David Brooks）就藉由二〇一七年一篇時論短文的標題，提出大膽的宣告：「世紀殘破」，而當時進入這個新世紀還不到二十年。

上網搜尋「制度失靈」一詞，連結的文章遍及全球暖化、經濟不平等、健康照護、立法程序、公立學校教育、犯罪懲治，乃至於大學體育運動等主題，看來好像擁有的資源越多，我們就越缺乏效率。這種令人輾轉不安的束手無策讓我們夜不成眠，苦思解決之道。這顯示了我們對現況適應不良，規則往意外的方向發展，而我們就好像溜冰場上的滾輪，奮力往前就只為踏出一小步。

從許多方面來看，這些情況正是如今網路狂亂牽連所造成的結果。幾乎每件事情都以這樣或那樣的方式牽連著另一件事，要解開糾結的線頭幾乎是不可能的任務，甚至連從何下手都顯得困難。

那麼，在各式各樣的兩難中，「尺度」為什麼是一個構成要件？簡單的答案就是，這個世界變得難以駕御了……或者說，產生了難以駕御的新局面。這有部分肇因於兩項重要的轉變，我稱之為「失去物質感知」和「糾結纏繞」。

失去物質感知

首先，失去物質感知是我們在數位處理事物的過程中所導致的。借用美國電腦科學家耐格龐提（Nicholas Negroponte）的話來說，我們透過數位處理把原子轉換成了位元；或者，把指南針轉換成應用程式。有形的、物質性、可見、可抓取的事物，都被轉換成不可見、失去物質感知的一與零的流動，以及開機與關機。文件、檔案匣和照片，現在都成了看不見的電流振動，存取在磁性媒體上，只有無限微小的畫素才讓它得以在螢幕上成像。它們不再是過去可以塞進抽屜或鞋盒裡那些泛黃、折了一角的物體。

而且，失去物質感知不只影響了物理性的東西，連「服務」也漸漸失去了物質感知。例如，銀行就一直遵循著這套轉變來重新提供它的整體服務。遲至四十年前，各家銀行還聳立著巍峨壯觀的花崗岩建築門面，象徵穩健、宏偉與磐基永固，如今這類建物多半用來經營餐廳。

與此同時，銀行（現在儼然是多國集團了）正拚命找出連繫Z世代的方式。這個族群逐漸嶄露頭角，指望與銀行的往來就發生在指尖上，不過就是讓電子從一個帳戶快速移到另一個帳戶而已，不是嗎？這對我們所感知的世界而言可謂一項典範性的轉移，而我們才剛開始要理解它帶來的衝擊與效應。

糾結纏繞

第二個原因是糾結纏繞。彼此相繫的互聯網絡在問世之後，遂成為日常生活不可或缺的基礎設施。由於我們的系統環環緊扣，個人既被賦予獨特的力量，卻又因為人微力薄而陷入絕望的處境，實在弔詭。

試想，麻州某座中型城市的一對年輕夫妻想確保一筆抵押借款成功。三十年前，這對夫妻需要做的就是走進當地銀行，面晤他們或許早已認識其家人的貸款經理，討論銀行對於位在安定社區的某件房產所能提供的利率高低。這類交易業務大部分（就算不是全部）取決於當地的動態，無論狀況好壞皆然。（當然，拒絕出貸，以及其他形式的面對面交易、並且在法律上被視為正當歧視的陋習，對於少數族群來說是不利的。）

然而，當場景轉移到二〇〇八年，情況出現了巨大差異。首先，這對夫妻或許只需上線申請抵押借款，而不必實際跟中間人碰面（中間人或許身在幾個大陸以外的呼叫中心）。他們提供的抵押貸款，有可能是連同其他幾百筆抵押貸款而匯整為一批，組成一種名為「抵押擔保證券」的複雜金融工具。然後，抵押擔保證券會賣給一個全球性的投資人市場，他們正打算從這批證券中撈取附加價值。

抵押貸款的穩定性所受到的影響，最終可能來自希臘、中國，以及全球幾乎每個地方的經濟決策。二〇〇八年，這個制度曾經崩盤，而人們財產的價值還低於未償債務。即使你女兒在銀行經理女兒的足球隊裡踢球，也不太具備什麼優勢，因為你們雙方對於財產值或當時情勢都沒有太大的影響力。二〇〇八年之後，許多自有房屋者都資不抵債（他們對於房屋貸款業務就是這麼解釋的），淹沒在糾結連鎖的世界中，屈服於幾千哩外國家的行為人所作的決策而無法脫身。

或者，想想電腦駭客吧，他們一個人就能癱瘓一家國際大銀行。不過在一個世代之前，單憑一人之力而蓄意駭進一家銀行或金融服務機構那樣的大型公司，這種行徑簡直完全無法想像，頂多只會出現在好萊塢式幻想的電影中。現在，這種事情稀鬆平常。

個人及網路犯罪小團體輕而易舉進攻像SONY這種全球性跨國公司，以及諸如五角大廈這種「堅不可摧」的國家機構，搞壞他們的伺服器，弄垮他們的資訊架構，或者竊取「保全」資料，並拿到暗網上去販賣。

連鎖相扣的數位通訊基礎設施搭上了十九、二十世紀搖搖欲墜的物質性基礎設施，形成一具龐大且駭人的混合體，讓我們陷進了它的芻胃之中。在這雜種混生的情勢面前，我們時而覺得力量滿滿，時而受制屈服，兩種感受不斷交替。指尖下展現著廣袤而令人目眩神迷的世界，就在此時此刻，我們的鼻子貼上電腦螢幕的玻璃，我們的指尖只要透過鍵盤觸擊和刻意的手勢（多點觸控、兩次點擊、四指滑動），就能夠認識這個世界。

如果說，第一個令人目眩神馳的轉變，是源自我們的人工製品、處理流程及服務因為數位化而失去了物質感知，那麼，第二個轉變就反映了我們所建立連鎖相扣的龐大基礎設施。我們曾經開闢農場、高速道路和管線，如今我們增建伺服器農場、資訊的超級高速道路及資料傳輸管線。我們所播種、耕作及收割的彷彿是資訊的分程傳遞（說不定我們已經這麼做了），而非生命系統。

我們身陷前後不接的地帶，在物質層與數位層之間載浮載沉。我們夾在兩個世界之間，各有各的統御法則與邏輯。藝術家巴索爾（Aram Bartholl）的藝術專案〈地圖〉靈巧地捕捉了這種處境。

巴索爾的藝術作品翻轉了我們所遭遇的大多數改變，數位的東西變成了可以被感知的物質。他在城鎮及公共空間的實際地點架起了二十呎高的google地圖指示標（也就是數位地圖程式中，那些二十畫素、紅色淚珠形的定位標）。巴索爾的裝置提醒著我們：我們此刻所穿梭移動的空間，既

〈地圖〉，阿蘭．巴索爾作品，2006-19。雕刻，鋼材，鋁網，鋼纜。
900×520×20公分，台北，2010。

是物質性的，同時又是數位的；而我們正面臨著一個無法透澈辨識這兩者的艱難時刻。

虛擬、加大、增高又混雜在一起的真實世界，只會強化這種交叉錯亂的局面。我們彷彿生存在一層輕薄透明的皮膜上，夾在物質感知與數位世界之間——這個世界與它的數位孿生子之間。巴索爾在真實世界添加了一層可說是對數位世界的「真實」詮釋，倒置了預期，破壞了「概念」的疆界，揭露出我們正打造的這個混種世界是多麼荒誕且陌生。

尺度思維

諷刺的是，我們跟尺度的緊張關係之所以令人惴惴難安，是因為我們一向遵循著尺度來思考，無論我們是否察覺到這件事。我們估量著精準的成分來調製雞尾酒，考慮要不要舉起一個小小孩童，在高速道路上開車時查看速限，並挑出一雙合腳的鞋子，這些全都是尺度思考的運用。

此外，尺度思維的方式也出現在小對大，或者模擬物（或模型）對被模擬物的關係之中。比如說，建築上的縮尺模型就是一種工具，讓建築設計師得以組裝、檢視、分析，乃至體驗空間與建物。全尺寸的建造花費往往高得驚人，所以建築師必須先行打造一座較小的、比例準確的樣本，來代替完整的體驗。

商業模型也一樣，它是一套資料沒那麼豐富的模擬計畫，而商務的推動依照（或說，打算依照）它的樣子來進行。在這個意義下，比例縮尺模型是擬態性的，仿造了真實的事物，但感知層面上卻縮小了。那麼，遵循尺度思維就是採用了一種思考過程，從微小推想到巨大，從縮影推想到全局，以及從不完整而推想到完整。我們在模型上投射了完整實物的屬性，反之亦然。

人類學家、社會學家的工作，是從少數個人行動中推想行為與表意的全面文化型態，這不也是一種尺度思維嗎？他們不也是分析了一小部分，然後進一步推論，才能得知整體文化的特性嗎？就這層意義來說，尺度在人的思考過程中處處可見，即使我們利用它的時候，未必意識得到。

那些令人費解的力量正在扭曲我們的生活經驗，要想了解它，就必須深入「尺度」

這個觀念。為了對尺度有適當的理解，並學著更有效的從中找到一條出路，本書的編排分為兩個部分。

第一部分偏向事例及分析。前四章大致瀏覽了那些逐漸增加的尺度，讓我們不只能夠理解尺度如何運作，也能理解它所發生的變化。我們會從度量衡與計量思維的危險性出發，思考人的形體，以及近代人如何在科技造就的新環境中奮力求生。我們會探討人們如何學習「尺度」這個概念，以及對於尺度有何觀感。接著，再從形體擴及整體系統的探索。

除非我們採取系統大師唐妮拉．梅多（Donella Meadows）所提出的「循著系統來思考」的策略，並看出規模的改變如何促成意想不到的行為方式，否則我們不可能理解自己跟事物規模之間的詭譎關係。最後，我們會揭露網路究竟創造了什麼條件，從而顛倒了我們所理解的因果關係，並認知到一個小小的行動和參與者有可能帶來巨大的影響；反之，我們想改善周遭系統的那股集體意志，卻往往毫不管用。

本書的前半部讓我們了解尺度內部所蘊藏的驚人動能，後半部則略述一些戰術及策略，以便更有效從這個詭譎莫名的當下走出一條路。換言之，我們必須先了解脈絡，才能對症下藥。一旦我們更加了解規模的糾結局面，或許就能找到一些途徑或者說「針灸穴位」，藉此發揮作用？

本書的後半部引介了四項策略：對缺乏具體感知的賦予具體感知；按比例縮放視域；搭建鷹架，以及接納糾結無解的局面。這四者合在一起，就成了一組解方，讓我們得以踏步向前，既認清動盪不安的處境，又能循著尺度深入思考，而非與之敵對。

這些識見對於企業、管理、政策、設計和社會新創及任何領域，都是有所助益的。因為這些領域都面臨著糾結無解、整體而全面的衝擊，必須以別開生面的態勢來對抗事情發生的壓力。沒有什麼簡單答案可以解決這個時代陰魂不散的棘手難題。不過，當我們找不到可行辦法的時候，還是有些可以倚靠的架構，那就是面對不確定性的行動綱領。

尺度在出乎意料的地方顯現了它的作用，而且倏乎即逝。本書的初衷正是要讓讀者**能夠看見尺度，以及它變形破壞的作用**。因此，我將一些看似不相干的東西湊在一起，放進了同一個框架，揭露它們出人意表的類同之處、它們始料未及的相互呼應，以及意想不到的巧合。這個情況恰好就是法國思想家傅科（Michel Foucault）在人文學科的考古之作《事物的秩序》（*The Order of Things*）的引言所執異爭論的。

傅科為了闡明這點，引用了阿根廷作家波赫士（Jorge Luis Borges）的小說片段。波赫士在小說裡把理性與科學拗折到了臨界點，而那些怪異非常的想法和令人迷惘的兩難之境，便這麼從他造成的裂痕和縫隙中滲漏了出來。

波赫士的小說筆調既博學多聞又淘氣頑皮，盤旋於險怪的峽谷之間，一邊旁徵博引、一邊點出知識的無用。而傅科的《事物的秩序》則企圖闡述西方思想的概念範疇都是人造之物，都是權力轉換成知識而產生的症狀。

傅科的開頭幾段文字，致力於傳達這些概念的永恆性是陌生又虛有其表的。他乞靈於波赫士的這段文字帶來了臭名，如今卻成了傳奇。傅科想要持論說明，那些看似永恆的概念範疇乃是虛幻的：

本書開頭取自波赫士的一段文字。那是一聲大笑，在我讀著這段文字時，砸碎了我的思想中所熟悉的一切界標——那也是**我們的**思想，帶有我們時代與地理的印記。它又破壞了一切秩序井然的表面、一切平臺，而我們一向習慣藉由這些去馴服萬事萬物的豐沛野性。長此以往，它持續攪擾、威脅著要摧毀我們對於「同一」與「他者」之間由來已久的區別。

他這段文字引述了「中國某部百科全書」，裡面寫道，「動物分成幾類：（A）屬於皇帝所有的；（B）塗油防腐的；（C）溫馴順從的；（D）乳豬；（E）迷惑人心的；（F）傳說故事中的；（G）流浪犬隻；（H）包括在目前分類裡的；（I）瘋狂躁動的；（J）無以數計的；（K）用精美的駱駝毛筆畫出來的；（L）以及其他；（M）打破了水罐的；（N）遠遠看來很像蒼蠅的。」

透過這套令人驚奇的分類法，我們大步一躍而捕獲的概念，是憑藉著傳說故事而證實這些分類完全是來自另一思想體系的珍稀異寶，還有察覺到我們自身的侷限，也就是「非常規思考」的困難。❷4

本書把氣泡水平儀和花園矮地精、量子力學與交通圓環、Linux作業系統與IKEA商品型錄、野豬與北大西洋公約組織的阿富汗行動計畫，以及大數據與小小的螞蟻，共置一爐而治之。大規模難以駕御，我們的生活也因此變得難以駕御，而尺度在其中正起了推波助瀾的作用。順著這條思路，我希望讀者偶爾能夠遭遇到自己的思想侷限，並且時時體驗到「非常規思考」的可能。

❷ 譯注：傅科這段「動物分類」的引文是為了指出，世界上確實存在著不同於近代西方的理性思考系統，同時藉此看出西方思想自身的侷限。但我們也要注意：並沒有證據顯示哪一套中國的「百科全書」或哪個中國人提出了這一套動物分類法，它有可能是波赫士所杜撰的。

01

嚴謹與科學[1]

- 刻度高達十一
- 啤酒與辣椒
- 概念的同義反覆
- 物質性恆常之物
- 克思地精
- 海岸線悖論
- 時間的測量
- 系統思維

[1] 譯注：本章標題來自「引言」提到小說家波赫士的一篇西班牙文小說標題 *'Del rigor en la ciencia'*。這篇小說很短，譯成英文約一百五十多字。本書第九章引用了這個故事。

刻度高達十一

奈傑爾（Nigel Tufnel）是英國一個重金屬樂團的吉他手，他一向以瘋言瘋語的行徑而為人所知。馬帝（Marty DeBergi）是一名紀錄片導演，某天，他帶上自己的員工，跟著奈傑爾及其團員去捕捉「脊椎塞子」（Spinal Tap）這個衰尾樂團的豐功偉業。有一幕，奈傑爾驕傲地對馬帝炫耀他的幾次吉他得獎紀錄，然後拉著他去檢視一架非常特別的馬歇爾公司的擴大機。

奈：這在我們舞台上使用的東西裡，你知道，是很頂級的。不過，它非常……非常特別，因為如果你看到……

馬：是啊。

奈：這些刻度都高到了十一……。你看，……在面板的那一頭。

馬：呃，……喔，我看到了。

奈：十一……十一……十一呢。

馬：擴大機大部分都是最高到十。

奈：就是啊。

馬：這表示它……音量更大嗎？會更大聲嗎？

奈：喔，大了一度，不是嗎？它可不是十。你瞧，大部分……大部分的樂團，你知道，都是奏到第十。你到了第十……然後往上……還要往上。

馬：是啊。

奈：一路往上攀升。你的吉他到了第十……你還能升到哪裡？什麼地步？

馬：我不知道。

奈：再也無法升上去了，正是如此。如果我們還要更進一步，我們要作的就是翻過峭壁，……你知道我們怎麼做嗎？

馬：轉到十一。

奈：就是這樣，音量大了一度。

馬：你何不就把十變得更大聲，讓十成為最大的音量……刻度，而讓十更大聲一點？

（停頓）

奈：這些刻度高達十一呀。1

兩人的爭辯中，奈傑爾所抱持的觀點，哲學家或許會稱為「形上學意義的自然主義」。他的持論實質上是說，擴大機轉鈕上的數字刻度是意指一種實實在在而固定不變的框架。十，就永遠是聽起來像十度那麼大聲，而十一，就永遠代表更高一度。

相較之下，馬帝挑戰了這些數字的本質。他質疑，擴大機顯示的刻度，最終是指向刻度以外、屬於這個世界的具體之物嗎？這些數字會不會是由人為所建構的？到了最後，看起來是馬帝在爭論中占了上風。尺度不折不扣來自人為的建構，但這個建構是以度量衡為基礎而建立的。

《這就是脊椎塞子》影片劇照，頻道製片公司版權所有。

無論如何，十和十一到底意指什麼？分貝嗎？肯定不是。無論我們是在選擇穿一件派克大外套或毛線衣，購買袋裝咖啡豆，努力遵守速度限制，還是要把音量調高一度，我們整天遊走在各種尺度之中，日復一日。在這種種偽裝之下，尺度一點兒也不神秘，甚至無法引起我們的半點興趣。

尺度不過就是個非物質性、計量性的基礎工具，它奠基於度量衡，而這有助於讓那些沒有尺度就缺乏形式的經驗因此而獲得了形式。開車一小時四十八英哩與六十五英哩的差別，我們或許感覺不出來。但是，計速表標示出來的速限，卻讓公民社會能夠規範駕駛人的魯莽行為，維護所有人的安全……只要你的「每小時五十五英哩」跟我的「每小時五十五英哩」是一樣的。

這一切理所當然到讓人覺得，「尺度」這個概念一點也不有趣。我們跟它和諧共處，它很少對我們造成什麼明顯的困難。我們都以為度量衡是不可違背而且精準無誤的，它是經過科學處理的成果，連蠢蛋都會用。事實上，追求明確與精準度量衡的這個過程複雜而曲折，只要撥開表象，就可以看到一些稀奇古怪的現象，從而暴露出尺度思維完全建立在一個搖晃不穩的地基上。

啤酒與辣椒

從某些情況來看，度量衡制度就是計量尺度的保證。沒有計量性的測量，我們會發現自己落入一個訴諸主觀比較的世界，所有東西都模糊難辨：這杯啤酒的苦味比另一杯怡人順口嗎？那個紅番椒比這個還要辣嗎？

值得注意的是，在計量尺度付諸闕如的情況下，我們常常自己發明各種標準。啤酒製造者曾經開發出一套「國際苦度單位」的標準，以便對啤酒的苦味進行可靠的比較。辣椒迷則想出了「史高維爾辣度單位」，來量化墨西哥辣椒的刺辣與卡羅來納死神椒灼人欲死的辣度差異。

而在啤酒和辣椒上，度量單位的可靠程度都各自取決於可以重複驗證的科學。國際苦度單位代表著有百萬分之幾的異葎草酮（啤酒花裡發現的一種酸）含量。[2]而史高維爾辣度單位的數值，如今是透過一種稱為「高表現性液體色層分析」的程序來判定的，該程序可以測出化學辣椒素（這是辣椒中的辣性來源）的含量。「高表現性液體色層分析」取代了原始的史高維爾辣度單位測試，而後者就是「史高維爾感官測試法」，其原理是以糖水稀釋等量的辣椒，直到測試員不再嚐的到任何辣度為止。3

但是，我們對於啤酒苦味的知覺，事實上還高度仰賴了其他的成分。啤酒中所含的麥芽越多，我們就越嚐不出「苦」味，這就無關乎國際苦度單位的高低了。而兩顆外觀相同的哈瓦那（habanero）辣椒，它們的史高維爾辣度單位或許有顯著的差異，這得視它們的生長地點、時間及狀況而定。儘管我們費盡心力想要測量這個世界，以便透徹地認識所有的事物，但這些測量經常顯得左支右絀。

概念的同義反覆

二〇一一年二月，《紐約時報》記者莎拉．雷雅爾（Sarah Lyall）報導，事實上，公斤的世界標準物曾經掉過重量。「這個差異，是把公斤原器拿來跟它的官方複製品作了比較之後才被發現的。原器只輕了約五十微克，等同於一顆細砂粉的重量。但由此可見，公斤原器本來應該為不確定的世界建立一個穩定性的指標，但這項工作已經不太能發揮效用了。」4

鑑於充分理解這個誤差會造成什麼根本性的後果，因此，我們所採取最重要的補救措施，就是重新聲明這塊澆鑄鉑銥合金就是「公斤」，僅此一家、別無分號——也就是說，世界上找不到其他標準物可以作為我們為每個東西秤量重量時的保證。

這個說法倒是現代世界中數一數二的同義反覆，奇怪之至：一公斤的重量，就等於鎖在三層玻璃鐘罩內、藏於法國塞夫爾某地下室的「那個」公斤的重量，而且這個東西還得要讓安全室鑰匙的三個保管人都到場，才能夠打開門鎖，將它取出來。國際度量衡學者可以把公尺、公升都換成另一種更不易變動的標準物，但是公斤不同，要知道真正的一公斤是什麼樣子，這塊金屬原物就是最終極的參照。這塊別無分號、打磨光亮的金屬圓柱體，高度約等於它的直徑長度，自從一八九九年以來，一直為全世界標示著所謂的「公斤」。

那年，國際度量衡局歷經了數十年政治角力與爭辯之後，各代表齊聚一堂，指定了這塊東西作為標準物。而必定會立刻引發的問題就是：「他們怎麼知道它重達一公斤呢？」它是用什麼秤出來的？哲學家維根斯坦的《哲學研究》（*Philosophical*

Investigation）一書裡，半開玩笑地為標準公尺描述著同樣的難題，他表示：「有這麼一種東西，吾人不能說它有一公尺長，也不能說它不是一公尺長，這種東西就是巴黎的公尺標準物。」

正如雷雅爾的報導所指出的，值得注意的是，科學家為了核實正確的數值，便藉由那塊「公斤」的其他幾塊複製品來測量它的本身重量，結果落入了更嚴重的同義反覆。試想，這個作法意謂著什麼：如果用來測量物體的通用標準物不再是標準物本身，那麼它的每件官方複製品又代表什麼？那些複製品還是複製品嗎？而事實上，它們又是多重？一公斤？還是比一公斤又多了五十微克？

這個詭譎的問題已經折磨了科學家長達數十年之久。追求度量衡單位的精準與普遍適用性——也就是尋找尺度，用以掌握世界上的計量——是一門年輕得令人吃驚的科學。而我們藉以奠定科學發現及國際貿易的那些通用標準物，甚至還要更加的年輕。我猜許多人都以為這些尺度在過去就已經名副其實地鐫於金石，長達好幾百年了？其實這離事實可遠了。

美國有史以來，在各類法律的頭一條全國性法律條文中制定了「官方」度量衡制度，實施於一八六六年。該條文說：「本法通過且實行之後，美利堅合眾國全國應以使用公制的度量衡單位為合法。」[5]這裡可沒有排印錯誤，國會通過的第一條法律統一了度量衡單位，用的是公制系統為標準，即使美國一直以來使用的是對岸帝國的度量制度。當時，由於公制體系的標準化更加地完善而充分，因此美國政府選擇它作為基準，即使它並非本土使用的度量制度。

度量標準的發展演變不只關係到科學和貿易層面。在那次立法的幾十年前，亞當斯總統❷一八二一年對國會的報告就指出：追求固定化、處處可用且全國一致的度量制度，的確有道德考量的成分：

> 度量衡單位應當列為生活必需之物，為人類社會每一個體所不可或缺。其體現於經濟往來之間，而為每個家庭的日常關注。其為每種人力職務所不可無；為各類型資產之

❷ 譯注：約翰・昆西・亞當斯（John Quincy Adams,1767-1848），美國第六任總統，於一八二五至二九年在任。

配送與保全所不可無；為貿易與商業之每筆交易所不可無；為庶民百姓之勞動所不可無；為能工巧匠之精心製作所不可無；為思想家之研究所不可無；為古物學者之研究調查所不可無；為船員航海所不可無；為兵勇之行軍前進所不可無；為一切和平調解所不可無，亦為一切戰爭之行進調度所不可無。

諸般度量衡單位之認識，一如其由來已久之使用，乃教育之初級課程。且人凡他物一概未嘗學、乃至未能讀寫，此亦其所常習。度量衡反覆習用於凡民一生之活動，其諸般知識遂根深柢固於心識。6

儘管有了他這番熱情懇切的論述，來到二十世紀，科學家對於怎樣才能構成一種基本而可供檢證的度量單位仍然莫衷一是。那些關於通用標準物的重要國際協議，大多是亞當斯總統卸任很久之後才達成的。時至今日，我們還在持續尋找不易變動的標準物。

國際度量衡大會（CGPM）這個國際組織，樹立了我們賴以生活的度量制度，並於一九六〇年創立了「國際單位制」。當時，國際度量衡大會成立了「國際度量衡局」，任務就是要界定及查核國際單位制，它的調查結果最終成為我們衡量自己和周遭世界的準則。

至今，國際度量衡局已經建立了七種基本標準單位，包括公尺（長度），公斤（重量），秒（時間），安培（電流），開爾文（熱力溫度），摩爾（克分子量），以及燭光（發光強度的單位）。國際單位制把「燭光」界定為：「給定一個發射頻率為540×10的十二次方赫茲的單色輻射光源，該輻射源在某一既定方向的輻射強度，為每一球面度六百八十三分之一瓦，則此發光強度為一燭光。」

國際單位制又定義「安培」為：「真空中，截面積可忽略不計的兩根長度無限、相距一公尺的平行筆直導線內，通以恆定電流，則兩導線之間在每公尺長度上產生2×10的負七次方牛頓的力，此恆定電流就是一安培。」

而且，雖然數十年來科學家都在尋找物質性的標準物，但是「公斤」卻是這樣定義的：「公斤是一個重量單位。它等於國際公斤原器的重量。」[7]這個定義顯然與其他定義有一個不同之處。公斤是國際單位制的度量衡單位中，唯一藉用物質性、真實存在的參照原器來定義的。公斤就是那塊東西本身，那塊東西就界定了公斤。

對於其他的每一種標準，科學家都已經訂出了度量衡的物理定義，它們都得自於能夠可靠重覆的程序，也就是說，世界上任何地方的科學家都做得到（不必求助於一件物質性的人工製品），而且不會出現同義反覆的情況。[8]

克里斯（Robert Crease）有一部引人入勝的歷史著作《平衡的世界》（*The World in the Balance*），談的是對度量衡絕對標準的追求。書中細述科學社群費盡苦心要訂定度量衡所仰賴的標準，並達到精準與確定性。這些努力分成兩類，一是技術的追求，他們想建立一個普世通用的絕對辦法，來界定度量衡的單位本身；二是國際組織裡的政治角力，他們想採行一些制度，讓全球各國可以一致地運用。

幾千年來，我們早已有了地方性的制度來量秤豬隻的重量、測出麥芽酒的風味，以及測定行旅的距離，但這些制度通常各國不同、各鄉鎮不同，甚至在各個封建采邑之間也不同。而我們這些成長於英制度量衡之下的人，至少都聽過某些關於度量衡起源的趣聞軼事。例如，度量衡單位任意地以當時統治者的肢體長度為準（因此「ruler」一詞的雙重意義就更加生動了）；而「呎」（foot）的長度在不同領土之間也會變動，所依據的大抵是當地領主腳部的相對大小。

從一口之量到一掌之量，或者從一片指甲到一隻手，大英帝國和羅馬使用的度量衡單位來源，差不多都得回溯到人體的某一部位。中國的度量衡制度也是這樣，以人體來設定「尺」（以足為度量）和「寸」（以手指為度量）的標準，至少西元前四百年是如此。[9]

物質性恆常之物

長久以來，我們都知道要建立一個放諸四海皆準且長久不變的度量衡制度，是多麼迫切的需求，但到了十八世紀，法國人才下定決心把大眾的習慣推向公制標準。最後，公制形成了國際單位制的基礎，晚至二〇一八年終於得到了五十九個會員國、四十二個準國家（associate state）的採用。[10]

一開始，公制的發展取代了以身體部位為準則的度量衡單位，將標準建立在一些看似永遠不變、物質性的恆常物體上。公尺是長度的標準，由它來確立整個推算過程，因此從公尺可以推導出重量（公斤代表一立方公寸的水的重量），以及體積（公升代表一立方公寸）。

法國科學家最早試圖依照地球上的一段子午線長度來確立公尺的長度，這帶來了第一批普世適用、固定不變的標準物，也就是一支一公尺長的白金棒，以及一公斤重的白金圓柱體。兩者都是建立制度的第一步，你我都可以把那制度直接連結到物質性的恆常之物（以公尺而言，公尺就是四分之一子午線的五百一十三萬又七百四十分之一）。[11]

在度量衡的歷史上，這可是一次典範性的飛躍。它在尚未獲得國際一致同意之前就建立了可供參照的標準物，不再連結到人體部位，而是連結到在世界各地都維持不變的某種事物身上。這項成就創造了一個精確的參考框架。理論上，這個參考框架是任何人在任何地方或任何時間裡，都可以複製應用的。

然而諷刺的是，形成標準的過程，主要並不是靠著原本料想的方式，而是那塊受到重重保護的白金製品。難題就在於，這一塊打磨得光亮如新的白金製品，儘管看起來永恆不變，但終究會遭到物質性的消磨，以及幾乎測量不出來的沉積作用。無論是鑄造過程中有雜質攙入，或是合金內部產生氣泡，或是每天承受砂塵與污垢的積累，物質性的人工製品都很容易因為現代髒污的生活環境而有所變化。

例如，國際單位制對公斤所下的定義，就令人訝異地包括了一連串家務管理式的指引：「然而，由於表面上有不可避免的污染物沉積，國際原器會受到可回復的表面污染，整體而言，每年可累積達一微克。」基於這個理由，國際度量衡委員會就曾經宣布：「在進一步研究之前，這塊參照原器要立即使用一種指定的方法來清污除垢。」[12]於是，這塊別無分號的「公斤」便需要定期沐浴淨身，去除那些搗亂它整個邏輯的微量污染物。

就是為了這個原因，公制學者已經在尋找「物理常數」來定義度量衡的基本單位，而目前其他的六種單位已經拍板定案了。

這番尋找是從公尺開始，並非出於偶然。一九六〇年以來，國際度量衡局已經提出定義，不是仰賴那根合金棒，而是「其長度等同於氪-86原子在$2p_{10}$與$5d_5$能階之間躍遷，所對應輻射在真空中波長的一百六十五萬零七百六十三・七三倍。」或者，以一九八三年的更新定義來說，是「真空中，光在二億九千九百七十九萬兩千四百五十八分之一秒中走過的距離長度。」[13]雖然在過去某段時光裡，一碼大約等於人的鼻尖到伸直的指尖之間的距離，而上述轉向物理常數的作法則重新校準了這個距離，而且這是只有儀器才能辨到的。人腦無法察覺到那三億分之一秒的存在，而且我們也不活在真空之中。

在這套制度下，我們只能運用儀器作為中介，以檢校我們想要驗證的真實。循著這種方式，科學在度量衡方面邁進了一大步：人體和人的知覺，不再是度量衡制度的中心了。我們不再像達文西的維特魯威人一樣位居知識秩序體系的中心了。

統一且可供檢證的度量衡制度，的確是百姓日用、運作順暢而公正的社會核心。因此，亞當斯總統那番熱情懇切的論述餘波蕩漾，日後便出現在記者莎拉・雷雅爾對於那塊公斤標準物掉重量的感慨之中：「公斤原器為不確定的世界建立了穩定性的指標，而這項主要工作已經不太能成立了。」

在不確定的世界裡，我們緊抓著那些提供恆常性、穩定性與準確性的東西。或許，追尋精準與普遍的度量衡制度看起來只是科學家和政府官僚的利益事業，但這其中隱含著深刻的精神，而亞當斯總統無疑將之揭露了出來。

某種程度來說，公平、正當與平等也是事物的度量衡。誠然，盲眼的正義女神手裡就拿著一桿秤子。度量衡自有一種道德性質，超脫於有關確實及精準的爭論之外。度量衡脫離了人的身體部位及感官經驗，無疑將產生更高的準確性。但對於形塑世界的那些框架，我們名副其實地失去了接觸，又將造成什麼結果？

克恩地精

克恩（Kern）是德國的一家精密儀器公司，家族經營已經傳到了第七代，專門製造及販售精準的度量儀器。克恩公司成立於一八四四年，結合精準的德國式工程與堅實可靠的耐用性而贏得了信譽。那麼，以下這件事情或許就有點讓人訝異了：克恩公司著手進行了一項異想天開的實驗，要探測地球表面的重力變化，用的是該公司模造的EWB 2.4度量儀。它妥妥貼貼地被裝置在一個保護匣中，而左邊是個同樣墊穩的花園矮地精，以自家公司「克恩」為名。

或許大部分的人都以為，無論身在秘魯的首都利馬、依索比亞的首都阿第斯阿貝巴（Addis Ababa），或是在新加坡測量體重，量出來的重量都是一樣的。其實不然。地球表面每個地方的重力如果要恆常一致，地球就必須是個密度一致的完美球體，但事實並非如此。地球的形狀是個扁圓球體，南北兩極稍微扁平，而赤道之處略微鼓起。

克恩公司為了地精實驗拍攝的一支宣傳影片透露出一種不尋常的興奮感。總經理索特（Albert Sauter）說了，地球更像是一個「馬鈴薯的形狀」[14]。為了

克恩公司「地精實驗」的矮地精工具箱

更加準確了解重力的變化，以及它對我們體重的影響，克恩請廣告公司Ogilvy & Mather設計了一場宣傳造勢活動，廣邀全球的科學家來秤一秤花園地精克恩（由一種「特殊的防碎合成樹脂」所製）的體重。克恩公司是在暗示，花園地精的體重既不增也不減，所以它們是秤量重量的絕佳恆常之物（而且它們公關的衝擊效果還勝過鉑銥合金的圓柱體。）

秤量結果呈現了顯著的重力變化。在南極，小克恩重達三百零九．八二公克；一如先前所料，這是所有地方中最重的。而到了肯亞的城鎮納紐基（Nanyuki），小克恩瘦到三百零七．五二公克，幾乎減輕了百分之一的四分之三。原因是，肯亞位於赤道一帶地表鼓起來之處，小克恩距離地球中心最為遙遠，而納紐基則位於海拔六千三百八十八英呎處，這便說明了小克恩何以變輕了。這場地精實驗巧妙揭露的就是一個我們視為理所當然的觀念：決定了物理性質、並因此決定了度量結果的那些力量，在全球各地都是一致不變的……因此，倫敦的一公斤就是納紐基的一公斤。

克恩地精實驗告訴我們：重力會隨著地理位置而有相當程度的變動，因為地點與地球中心的距離不一，因為地球不是密度一致的完美球體。而且，或許也因為月球與太陽產生了不同的重力影響。

試想，這對於度量衡的標準蘊涵著什麼樣的意義。在法國塞夫爾重達一公斤的東西，並不表示它在鄰近的國家還會是同樣的重量。例如，小地精克恩在它德國的老家巴林根（Balingen）時，體重是三百零八・二六公克，但來到瑞士日內瓦，在歐洲核子研究組織旗下研究大型強子對撞機❸的總辦公室，它只有三百零七・六五公克的重量。

我們追究得越深入，越發現科學不見得精準無誤，這種認知對於非科學家的我們來說，或許比科學家們更為驚訝。因為非專家的典型假定就是，科學操作是精準而絕對不會動搖的，事實上，科學操作的模糊曖昧充滿了不確定性。如同我們已經知道的，即使是像度量衡這麼基礎性的東西，也充滿著特異性與不規則。

所以，我們出於人類經驗而視為理所當然的許多事情，大部分都是錯誤的，或者存在著一點小誤差。在許多情況下，科學家能夠具體量化他們的不確定程度，這當然讓他們不同於我們多數人。但即使如此，也並不表示，因為他們的立足之處原本就存在著疑難與未知，所以他們用不著在困境中奮進求生。

度量衡有多麼不可靠？為什麼越是仔細追究，度量衡就越不可信？只要運用了精準的度量工具，當然就可以精準的測量物體；或者說，傳遞度量衡福音的人們肯定是這樣相信的，但事物很少這麼理所當然。

理察森❹是數學史上值得一提的人物；有關度量衡的著名悖論，也是他提出來的。他是貴格教會的信徒，抱持著和平主義，出於對教義的信服而拒絕服兵役，不願參與第一次世界大戰的軍事行動。不過他倒是加入了貴格之友救護隊，附屬於法國十六步兵師。他的道德界限嚴明，甚至在武裝衝突期間，他也拒絕執行自己的數學交易，唯恐他的成果無意中資助了大英國協的戰備力。不過，理察森真正的天分所在，就是將數學概

❸譯注：大型強子對撞機（Large Hadron Collider）是一種對撞型粒子加速器，用於國際高能物理學的研究。

❹譯注：路易斯・弗萊・理察森（Lewis Fry Richardson，1881-1953），英國數學家、物理學家、氣象學家及心理學家。他對於氣象學頗有興趣，曾嘗試用微分方程來預報天氣。

念及微分方程式應用於那些乍看之下違反數學敘述的現象。換言之，他量化了質性的現象。

理察森是個和平主義者，他藉由他認為最合理的一組透鏡——也就是數學——去了解戰爭與暴力。[15]他發表過若干論文，找出了意義重大、而且可以量化的一些因素，包括誤解、不和睦、好戰心態、軍隊規模，甚至是兩國邊境線的長度。如果將這些因素結合起來，輸入一個數學模型，就可以預測兩國之間掀起戰爭的可能性。

海岸線悖論

就在研究國界邊境線長度的時候，他碰巧遭遇了一個令人困擾的不一致：不同的國家對於共有邊境線所採用的測量方式也極為不同，是很常見的現象。這造成的結果是，拿來測量邊境線、海岸線這類不規則邊界所使用的測量工具，有可能讓測出來的長度完全不一致。

理察森的這項發現，就是如今著名的「海岸線悖論」。簡單來說，這個悖論就是：

我們所使用的測量單位越長，測出來的距離反而越短。想像一下，有個人想要測量緬因州崎嶇多折的海岸線。他對照著一張地圖，以一英哩為單位，測量出來的海岸線長度是三千四百七十八英哩（依據世界地圖網站）。

但如果他是採用一英呎長的尺規，而且能夠精細地循著每一道崎嶇轉折，甚至一塊塊的岩石測量下去，那麼海岸線便會增長許多。因為比較長的測量棒無法探進窄小的彎曲轉折之處，而較短的測量棒卻有辦法做到；而比一粒細砂更小的測量單位，甚至可以計算到每一粒細砂的每一小段突起，這麼一來，海岸線就更長了。如果用量子作為測量棒，那理論上就可以測出原子之間的空間……諸如此類。

就像面對不規則的碎片，鏡頭每次連續推入更近的層級，都會一而再、再而三地顯示同樣的關係。結果，測量單位的長度相對於海岸線的總長度，就會呈現反比例。就深刻的哲學意涵來看，這意味著海岸線長度在某種意義下，是不可知的。這並非指涉我們無法測量實際的長度，但確實意謂著我們所使用的測量方式，跟測量出來的結果，有著千絲萬縷的關係。[16]

時間的測量

同樣的，我們對時間的測量也無法免於變動走樣。關於我們如何去認識時間、以及時間的單位，國際度量衡局再一次扮演了至關重要的角色。

國際度量衡局這麼定義：「秒」，是衡量持續時間的一個基本單位。秒的定義是：「銫133原子基態的兩個超精細能階之間的躍遷，所對應輻射的九十一億九千兩百六十三萬一千七百七十個週期的持續時間。」這個定義既不仰賴人體的知覺，更重要的是，它也不在任何直接意義上仰賴地球的自轉（西方人對「時間」的觀念，過去似乎就是以地球自轉為準的）。

一九七〇年，國際度量衡局讓時間的衡量脫離了地球自轉的影響，因為地球自轉的速度實際上正在趨緩，導致的結果就是在科學上更加不可靠。必須注意的是，創立「秒」這個標準單位，以及決定一秒是持續多長時間的辦法，並沒有具體讓我們知道現在時間是幾點幾分幾秒。為了回應這一點，國際度量衡局制定了「國際原子時」❺。這是國際度量衡局目前在地球上最好的時計。17

為了制定國際原子時，國際度量衡局從全世界八十多所實驗室的四百多座原子鐘裡，訂定了加權的讀數平均值。這個平均值之所以經過加權，是因為實驗室的海拔高度可能會影響它們的讀數（就如同克恩的地精實驗所發生的現象）。但國際原子時也並不配合地球自轉，於是，我們便有了「世界協調時間」，它有效結合了「國際原子時」與「格林威治標準時間」。

為了彌補地球自轉速率的不規則，國際電信聯盟（ITU）於一九七二年制定了一個程序，來增加（或壓縮）必要的一秒鐘，確保「國際時間參照」與「自轉時間」的差異短於〇．九秒，而由此產生的時計就是世界協調時間。

這〇．九秒就是國際度量衡局在二〇一六年最後一天增加的「跳過的一秒」，此舉簡直在歷史上臭名昭彰。這跳過的一秒導致了世界協調時間與國際原子時產生了慢性的不同步：「在下次公告之前，世界協調時間與國際原子時之間的差距，將會是負三十七

❺ 譯注：國際原子時（International Atomic Time），這是一個國際參照時標，法文為Temps Atomique International，故縮寫為TAI。

秒。」[18]

值得留意的是，我們還有「宇宙時間」（以天文現象為依據）、「標準時間」（這是多數人所使用的參照時間，以地理和太陽的運轉為依據）、「地球時間」（天文學家用於測量太空中其他星體的運動），以及「系統時間」（電腦採用的計時制度，通常從作業系統啟動的第一刻開始設定，往後連續不斷地計算時間）。[19]

從這一切的歷程看來，我們很難說時間就是一種幻象，因為它在現代社會有自己扮演的角色。但就如同空間的測量制度，時間測量之學可一點都不像我們想像的那麼穩定而可靠。

度量衡制度，以及我們想建立計量、脫離質性的急迫感，恐怕還無法讓我們找到一套完美無缺的科學準則。在許多情況下，對測量結果的預期都仰賴一項假定：我們能夠把一件事物從它的環境中獨立分割出來，清楚畫定它的邊界，最終交給量化工具來裁判，彷彿我們在這個過程中都不會遇到什麼風險。

系統思維

系統思維會這樣提示：要認識一件**事物**，就不能不同時也認識與它交纏牽絆的一切。如果我們為了測量，而把某件事物給孤立出來，那就會使它脫離脈絡。也許這說明了為什麼我們的度量衡制度是這麼的模糊不定。它們的不準確提醒了我們：這個世界以及我們的知覺經驗，不會乖乖地被送進來一併計算；當我們讓事物脫離它原本的脈絡，或者讓形體脫離背景，就會產生一種支離破碎的悖謬。

由質性轉換為計量，就某些方面來看是一種文明化的歷程。數學、金融體系及複式簿記都是關鍵性的發明，從根本上產生了不同的可能性。但在度量衡上要邁向越來越精細的準確度，這個旅程也代表了我們的知識從身體和感官知覺中游離了出來，而且，這些知識距離混沌一片的自我，又更加遙遠了一點。

02

形體與背景

- 自我喪失
- 影子和定錨
- 城市與人
- 迷戀情節
- 形體VS.背景

在老教堂聆聽管風琴發出的厚實轟鳴，是一種很不尋常的經驗。管風琴奏出最深沉、共鳴最洪亮的音色時，有一股讓人步履艱難的氣勢。空氣彷彿搏動著，音符就像從樂器體內振動迴響著流淌出來。

那是一種身體上的感受，令人敬畏的經驗。在現代初期，也就是在有電子和擴音效果之前，人們只能想像著常上教堂的人對同樣的這些樂聲有過怎樣的體驗，那肯定是一種渾然天成的威攝之力，或許只有雷聲才堪與之比擬。如今聽來，我們仍然很難不為此屈身懾服，不在這令人敬畏的力量之前捐棄自我。顯然，管風琴在過去一定是教堂召募新血的有力工具，它深沉迴盪的音量足以震懾身體，或許還憾動了靈魂。

當我們被淹沒感官的威力所鎮服，會想起自身的脆弱渺小，頓覺生命有限。我們的反應是轉向內在的心境、斷絕外部的干擾。有史以來，宗教與國家都曾經運用巨大的規模與壯觀雄偉的氣勢來威赫他的臣民，或引發敬畏之感——想想宮殿、軍隊巡行和教堂存在的意義。我們正是透過對尺度規模的感知，進而認識了這個世界。規模會引發身體的感受，甚至心理上的效應，而我們與規模的遭遇，還有一段歷史可說。

「異化」和「砲彈休克」❶等理論正好與工業時代同時間興起，並非巧合。當時，由大型機械來進行的戰事，以及令人精神沮喪的工廠作業不斷侵襲著人類身體，而當我們試著了解在精神束縛的當下為什麼感到解離不安，我們便再次遭遇規模改變所帶來的衝擊。我們的環境正經歷一次又一次的改變，隨之而來的是感官知覺和觀念的全新挑戰。

自我喪失

要理解這一切，我們必須努力追溯個人與環境之間糾結又密切的關係，才能有效認識「規模」對於形塑我們生命所扮演的角色。

十九世紀晚期至二十世紀早期的藝術家、社會批評家及思想家指出，個人的異化現象，與城市中勢不可擋的機械化、電氣化工程習習相關。工業革命期間，海量的鄉村原民移居城市，一時間，大批人群顯然難以適應那些龐大的建築，嘈雜喧鬧的機具、嘶嘶作響的工廠樓層，以及工廠所排放的驚人污染。就是在這個時間點，佛洛依德藉由「無意識」理論提出了人們從「自我」異化出來的假說；而馬克思則主張，資本主義的力量足以把我們從勞動中異化出來。

不過，龐大的城市基礎建設、電光照耀的夜晚、亢奮過動的步調，以及機械化的交通方式，這些東西在感官四周不斷震動，搖撼著人類的知覺體驗。一九三九年，德國社會思想家班雅明（Walter Benjamin）在熙攘奔忙的歐洲城市大道上徘徊，想找出一套哲學拯救被機械化亂象所扭曲的人性主體。他說：「在交通陣仗之中移動，讓人身陷一連串的驚恐與衝擊之中。險象環生的十字路口，全身流竄緊張不安的躁動，就像是電池裡的電力一樣。波特萊爾（Baudelaire）說，投身人群之中，彷彿進入了貯電槽。波特萊爾勾勒出這種震撼的體驗，稱人類是一具『裝配著意識的萬花筒』。」[1]

佛洛依德、馬克思、班雅明的筆下都捕捉到這樣一種情境：周遭的環境正在耗蝕著

❶ 譯注：砲彈休克（shell shock）是英國心理學家梅耶斯（Charles Samuel Myers）在第一次世界大戰期間創造的詞彙，描述戰爭帶給士兵的創傷後壓力症候群。此後延伸指涉在經歷了極度不愉快事件後，非常疲憊、緊張或驚恐的症狀。

個體，留下了破碎力竭的、萬花筒般的心魂——失神入迷、妄思妄念、幻覺夢境、心神解離、精神病態。新的移民者來到變動快速的城市，在一片混亂中逐漸迷失了自己。他們在高樓大廈、巨大噪音和感官的強烈張力，也就是「緊張不安的躁動」下動彈不得。自我流離到環境之中（也就是自我意識的喪失）的形式不一，從異化到砲彈休克，到瘋癲失常，或是其他的神經衰弱症狀。這些流離、迷惘及困惑——但又震撼刺激——的感受，促成了未來主義、超現實主義這類運動，其成員運用了這些情懷和感受作為創作的出發點。

管理學的起源，也可以追溯到同一個時代、同一種格格不入之感。工業工程師如泰勒（Frederick W. Taylor），就試著要讓人的能力條件，可以去配合那逐漸塑造出工作環境的機械力量。卓別林的電影《現代》（*Modern Times*），嘲弄了人們對於機械的同化，片中他模擬著裝配線工人的工作型態，像一只雄榫似的安裝在機器的齒輪之間。但是像泰勒這樣的研究者，可是費盡心力想要在這些新式又神奇的機器與勞動人力之間找出最理想的配合方式。泰勒把工作任務拆解成各個部分，計算著多少時間可以有效率地完成，然後建立規則和流程計畫以達到最大效率，而那往往犧牲了勞工的福祉。換句話說，他試著要讓勞動人力去配合工廠機器的步調、生產力與規模。

影子和定錨

尺度就像影子一樣跟在我們身後。它跟我們的身體緊密相關，卻沒有真正的實體。我們打造出尺度、或拿它來測量事物，它是我們自身的副本。**尺度缺乏實體，它是出於我們的構想而建立的**。不過，它又好像跟隨著我們到任何地方。我們能夠讓自己確定方位而立足，它是我們安住於眼下的定錨。尺度打造並組織了我們所居處的空間，建立起一座可供預測的平台，否則我們將陷於感官與知覺的茫茫大海。

身體為我們指出了事物的大小，而尺度把它轉譯為一種更明確的認知形態。腳趾上的水泡顯示我們走了太久的路，智慧手機則指出我們已經走了五英哩。兩者都是一種尺度指示，但其一是經由傳遞散布而連繫著感知與身體，另一個則是以計量認知的形態，更直接地訴諸頭腦。我們能感覺到亮光，嗅聞到惡臭，嚐到苦味，諦聽寂靜，並且看見大小，但我們若沒有尺度，就無法知道地球有多大，或者分子有多小。因此，尺度可說盤旋在身體與大腦之間，以及知覺與概念之間。

我們並不是自然而然就懂得尺度，我們是靠學來的。女兒十六歲，在兒童夏令營中擔任守衛。她常聊起那些小朋友的事：他們猜她有四十歲了，或者，他們請求要在灑水器下待個十五分鐘，而實際上卻待不到一分鐘。我們在學校裡確實學到了度量衡和尺度，但那還不足以指導我們面對日常的經驗。**我們是透過身體性的經歷，在多元情境的脈絡下一再重複，才形成了內在的理解。**

紐約市令人懾服，曼哈頓尤其如此。建築物的立面擠爆了天空，噪音與電力在柏油、混凝土、石灰石及玻璃外牆上此起彼落，四處迴蕩，並且不停擴展。摩天巨廈、出租公寓、高樓、辦公大廈和大型零售店畫定了我們身體經驗的輪廓線，而這一切固然成為了我們生活其中的超大容器，但森然叢聚的人群、牆面和空間，卻鮮少參照我們傳統上所理解的房子或家居。

也就是說，人的生活還比不上這一大堆龐然的建設。當大自然露臉的片刻，無論那是路邊縫隙中的野草，或者是大力整飾過的中央公園，都只能算主場景的短暫抽離罷了。這座城市的邏輯就像首爾或香港，是由起重機、升降機、科技、鋼鐵、玻璃和石造工程所制定的，我們或許可以適應或習慣一座城市的規模，但在這個意義上，其實是城市的規模形塑了我們：我們學著讓自己聽慣噪音，學著在幾百呎高空的飛機上睡覺，我們跟上千人共用一條道路，學著若無其事。

城市與人

在費城的街道上散步是種非常不同的體驗。觸目所及是三、四層樓高的住

紐約州，紐約市。

屋。費城有許多知名的稱號，包括「宜家之城」，它就跟舊金山或巴黎一樣，其建造是以人（還有馬）的尺度為依據，而非電動起重機。雖然大中心街區，也就是商業和金融的市中心區，確實冒出了可觀的摩天大樓，但它們是特例，不是常規。它們更近於紐約的中央公園——是個他者的綠洲——而不是華爾街。

在費城，天空是感官知覺可以觸及的，大部分的建築物高度都符合人力限度，而非配合起重機和升降機的可能性，大部分的人都可以走上兩三段樓梯。曼哈頓人煙稠密，往上聚集，而費城則是水平式的，溫和宜人地往外擴展。如同全球的許多城市，費城的城市設計者、建築師、建商和居民，都透過人力和人的條件來打造這個城市。當然，人的心靈手巧克服了許多物質限制，但整體印象還是適於人的雙眼。人的身體、建物環境、與居住此地的生活方式，三者是互補的關係。

新罕布夏州的康科德（Concord）是一座有著州首府外觀的大城鎮。康科德從東到西、由北到南可以一覽無遺，它周邊有樹林圍繞，梅里馬克河（Merrimack River）橫切鎮區，全鎮的疆界和地形都是概念上可以掌握的，整個城鎮沒有哪個部分逃得過長期居民的注意。單車騎士在幾小時內可以行遍全鎮，而行人一天之內可以穿越完畢。金色圓頂的首府是全鎮最高的建築，在陽光下閃閃發亮，成為一個醒目的標誌。康科德既合理又讓人可以盡覽，在尺度上貼近了居民的觀感。

佛蒙特州的格林斯博羅鎮（Greensboro）則是全然不同的格局。在這裡，大自然才是主宰，人類是後到的臣民。格林斯博羅座落於佛蒙特州一角，當地人稱之為「東北王國」，開車很快就可以抵達加拿大邊界，以及遠離都市叢林的世界。在這裡，人為建物才是例外。森林蓊鬱，流水汩汩，人類只是此地的過客，而堅韌不屈的自然力量終究會降服我們所建造的一切。

每種環境在人類身體、知覺、能動性與尺度之間，都建立起很不一樣的關係。壓縮與減壓，噪音與沉靜，力氣與

佛蒙特州的格林斯博羅鎮

拉鋸，都見於每種環境之中……但都是不一樣的呈現。大螽斯蟲、鏈鋸和躁動的潛鳥劃破了佛蒙特州北方的沉寂，與此同時，手提電鑽、巴士引擎聲及警報器則打破紐約夜裡的平靜。

但我感興趣的乃是額外感知上的領域，也就是那種難以捉摸、或順應或抵觸著四周環境的感知。無論我們是對比著松樹或摩天高樓而成為小矮人，無論我們從房屋之間看出去是一大片玉米田，還是狹窄有如箭桿的天空，這些身體相對於規模尺度的關係，都構成了我們經驗的外殼。

迷戀情節

尺度是夢想與好奇心的材料，它造成情感上深沉的反響。馬戲團和露天遊樂場都透過尺度的劇烈改變作為一種手法，誘使觀眾走入其中，勾引他們的好奇，再讓他們帶著狂亂縱鬧而離開。每一樣東西，不是比平常生活要大，就是比正常更小，每一樣東西都在我們孩童般的恐懼與想像裡放肆搬演，就像童書和電影。

《超級紅卜卜》（*Clifford the Big Red Dog*）、《地板下的小矮人》（*The Borrowers*）、《吹夢巨人》（*The Big Friendly Giant*）、《櫥櫃裡的印度人》（*The Indian in the Cupboard*）、《格列佛遊記》（*Gulliver's Travels*）、《奇幻旅程》（*Fantastic Voyage*）、《親愛的，我把孩子縮小了》（*Honey I Shrunk the Kids*）、《縮小人生》（*Downsized*），以及《蟻人與黃蜂女》（*Ant-Man and the Wasp*），都採用了奇幻詭異的尺度轉變，讓我們在情感上著迷於那些比我們大或小的東西。無須訝異，這些把戲都瞄準了小朋友正在發展中、關於尺度方面的自然秉賦。巨大的織布人圍繞著孩子們，在他們的小小世界中伐木，就好像是個完全不同的物種，無怪乎孩子們會著迷於大與小、力大無窮與脆弱微小的並列和轉換。

然而，迷戀尺度的可不只孩童。當代藝術家如歐登伯（Claes Oldenburg）、范·布魯根（Coosje van Bruggen）、昆斯（Jeff Koons）、西蒙斯（Laurie Simmons）、佛里曼（Tom Friedman）及瑞依（Charles Ray），都在探索這個心靈領域。例如，瑞依的雕塑作品「家庭之愛」（*Family Romance*）把兩名幼童的尺寸放大到跟父母親一樣，結果，幼童的適齡比例使他們在成人體型之間顯得有如怪物一樣不協調，從而威脅到核心家庭那種幸福快樂的「愛」。這也讓我們發現：尺度比例可能也滋養了人們內心的情感狀態。

從孩童的視角來看，這個世界確實不太一樣：巨人在地上行走，就好像上古的長毛象征服了其他動物；在車上待幾個小時，就感覺像待了好幾天那麼漫長。一個夏天對三歲小孩來說可能遙遠得永無止盡，因為那占去了他整個生命經驗的十二分之一，但對於他四十多歲的父母來說，卻是一眨眼就過了。可見我們一生中對於尺度的感受會歷經許多轉

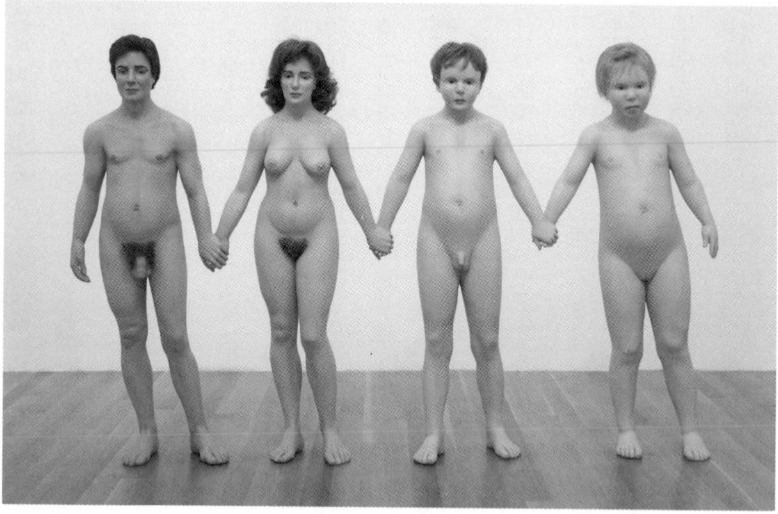

作品「家庭之愛」(1993)，查爾斯·瑞依版權所有。施色玻璃纖維，合成纖維毛髮，53" x 7' 1" x 11" (134.6 x 215.9 x 27.9 cm)。諾頓家族(The Norton Family)贈，馬休·馬克藝廊提供。

變，因為重複的生命經驗結合了（不準確的）度量工具，而產生了變化。

形體VS.背景

我們的自我及周遭感知跟尺度的大小，有著微妙的動態牽連。要深入了解這一點，辦法之一是透過「形體／背景關係」這個概念。這個概念最早是十九世紀末的完型心理學家所發現的，它是一種視覺的組織原理，而就幾個重要方面來看，它影響著我們適應與生存的能力。

比方說，在任一幅景象中，我們視覺上能夠區別有邊界之物（形體）與無邊界之物（背

形體（閃電）與背景（天空）

景），或者不連續的主體與連續性的背景。一頭獅子走在樹木稀少的大草原，就是一個形體身後襯著一片大地。但如果獅子蜷伏不動，隱藏在草叢之間，那麼形體與背景的區別就消失了。

在這個意義下，形體可以是字面上指涉的一具人形，或者是一片視域中的任何事物，或者是知覺上的不連續體，如一個花瓶、一棵樹、車子的喇叭，甚至是風雨欲來天空中的一絲閃電。

下圖畫著一個單獨的形體，背後是階梯與天空。而另一方面，馬丁（Agnes Martin）的現代主義抽象畫作「樹」裡，密如蛛網、千篇一律的線條平整分割了畫布的負空間，造成了極為不同的視覺體驗。

一個單獨的形體，背後是階梯與天空。

「樹」，1964年。油彩及鉛筆施於畫布，6英呎×6英呎。拉里·奧德里奇基金會（Larry Aldrich Foundation），現代藝術博物館藏。艾格尼絲·馬丁（1912-2004）。紐約，藝術家權利協會（Artists Rights Society）版權所有。

一幅景象或畫面中，如果形體／背景的差別喪失了——形體消失不見，或者融進了背景——我們對畫面內容的感知就跟著改變了，我們的身體知覺也是如此。馬丁畫作中的灰色蛛絲網格阻擋了我們想要尋找意義的一股本能，只留給觀眾一片目視與空間的知覺。

儘管我們知道自己容易受到愚弄，但看待攝影畫面時，我們學到的卻是信任自己的雙眼。數位和類比影像都會操弄尺度比例，把我們拖進影像的空間。雖然照片具有寫實性質，但一張照片所描繪的景象並沒有既定的尺度與比例，而且照片中影像的邊緣線，無論是印出來或出現在螢幕上，都不會為影像的內容形成一個畫定界限的框架。

一張8×10英吋的紙本照片，可以很容易呈現出一座城市的影像，就像呈現一枚微晶片的細部表面那樣容易，而我們都已經懂得要依賴那一方空間裡的形體／背景關係，以便得到線索，認知到我們所看的究竟是什麼。

右下角的照片乍看是一片模糊難辨的灰色，幾乎是很純粹的視覺印象。不僅很難看出內容是什麼，實際上連它的尺度也不得而知。其實，這張照片是湖

模糊不定的形體／背景關係

面上的霧氣，所以，這個景像範圍實際上是很廣大的。

因為只有連續性、缺乏明顯界線的背景，卻沒有形體讓我們可以去定位視線，所以我們無法想像影像的尺度。**沒有了形體與背景，我們便迷失了**。而下一頁類似的一張從相同視角拍攝的照片，就呈現出隱約的漁船輪廓線，而且船上有兩個形體。尺度一旦加進來，我們就能透過知覺線索來調整定位，所知所見也被納進了影像空間的脈絡。

但是，真有這麼簡單嗎？這種確信是建立在信任的基礎上，也就是說，那影像中的朦朧形體成分，必須確實是完整比例的船隻和捕魚人。但事實上，它搞不好只是一幀剪下來的小小圖樣，用來欺騙我們的眼睛與想像。

攝影者可以輕而易舉操弄這種效果，就像二〇〇三年的一張知名照片：巴格達的菲多斯廣場上，群眾聚集在海珊的雕像周圍，當時美國軍隊把這座雕像給推倒在地，造成輿論的轟動。事後流傳的照片中顯示著一大群人聚集在雕像周圍，強化了美軍所聲稱的事情：伊拉克人們聚集此處，以慶祝獨裁者倒台的消息。

然而，這只是攝影者設定了一個影像框架，將幾十名圍觀者拉近並裁切進影像之中。後來，陸續傳出的其他影像都顯示，在大廣場的周圍只有零星的人群散佈著，從而駁斥了美國所謂「此一推翻行動廣受歡迎」的話術。

就認知角度來看，我們面對一張照片或影像，而能夠確立自己的尺度知覺，是因為尺度知覺對應著我們經驗中那些形體構件的尺度；或者，我們自認為是這樣確立的。在過去，網路零售業者亞馬遜公司要表現書籍這種商品的物質特徵時，經常提供一張不按比例、經過裁切的封面影像，而一直到最近，出版業者才開始提供一本書對應人類形體的比例線索，讓朦朧不清的灰色形體後

一艘漁船（形體）從霧裡（背景）浮現出來

方浮現了白色的背景。諷刺的是，此舉卻讓書籍本身成了以人體為背景的一個形體配角。

照片是一種鎖定關注的方式，目的是捕捉周遭世界的重要事物，雖然這些東西的尺度在比例上小於這個世界的範圍。例如，我們「讀取」了右頁照片中呈現的漁人，就好像我們是透過一扇小窗在看他，即使照片本身就是縮小的景象，但實際上我們是透過心眼在重新想像它原來的尺度。

當我們拿著一張拍攝城市天際線的8×10英吋照片，我們往往會忽略我們根本無法手捧著一座大城市的這項事實。我們已然受到制約而忽略了一件事，那就是：照片大小、聚焦中心、解析度、動態程度、視角和比例等這些性質，都是相機鏡頭和感應器產生的人造物，而非來自我們的肉眼。於是，照片的作用就如同景物本身的視覺比例模型，只是，我們鮮少去注意這種概念的移轉，我們好像不再「看見」照片影像的尺度了。

二〇一六年三月，一家名為「薩里奈米系統」（Surrey NanoSystems）的公司公布了一項大膽的發明。在此之前，該公司廣為人知地研發了「奈米碳管黑體」（Vantablack），這種材質極為特殊，足以將可見光吸收到只剩百分之〇．〇三五。換言之，這是一種黑到幾乎看不見的材質。

而二〇一六年公布的是，他們從反應裝置裡又獲得了一種新的、更加黑暗的材質。黑到什麼地步呢？連他們用來測量反射光的光譜儀都無法偵測到半點它所反射出來的光，這種材質讓儀器根本派不上用場。[2]

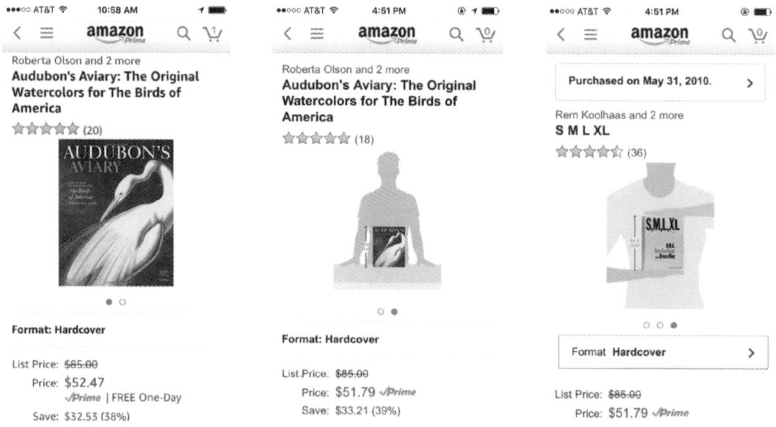

Amazon.com的書封展示頁面上，使用了人的形體作為背景的比例尺。

奈米碳管黑體的研發者描述了它的光學性質：「可以說，奈米碳管黑體是幾乎『看』不見的，因為它的表面只反射了很微弱的光。然而，觀測者的腦中當然得設法合理說明看到的是什麼，結果，有些人描述說，那就像望進一個黑洞。」[3]上述這種回應是對奈米碳管黑體第一代而發的，而不是針對那個更晚近、有效逃過他們精密儀器的材質。

這種東西可不是塗料或顏色。它是由幾億棵細微到不可思議的碳管（或稱奈米碳管）而組合起來的「森林」，最後在英國被歸類為是一種雙重用途的材質，這有部分是因為它的表現「超出了

奈米碳管黑體的樣本。薩里奈米系統版權所有。

可見的光譜」。由於英國把這種材質標示為民生和軍事雙重用途，因此限制其使用及出口。

後來，薩里奈米系統公司採取了不太恰當的作法，把它的創作使用權授予一名藝術家卡普爾（Anish Kapoor）：「他們決定將奈米碳管黑體S-VIS的使用許可獨限於英國的卡普爾工作室，以探索它在藝術創作上的使用。這個獨家授權限制了藝術領域中的塗裝使用，但是此項限制並不延伸到其他任何領域。」[4]

卡普爾是個大尺寸作品的雕塑家，他遊歷全球，在這種特異的材質上看到了獨一無二的潛力。在他心目中，那種吸引力是身體方面的。「就效果來看，它像一種顏料。……想像有個非常黑暗的空間，一走進去，你便完全不知道自己身在何處、身為何物，尤其失去了對時間的一切感知。你的情意和感受發生了變化，而且在迷失之餘，亟需伸手探尋其他的資源。」[5]

奈米碳管黑體是任何敏感儀器所無法探測到的，這引發了知覺上的頓挫：它像個黑洞一樣阻斷了視覺，而且依照卡普爾所說的，它擾亂了人在時間與空間中的主體存在感。當空間與時間瓦解，形體與背景就會消融無跡。這種材質達到了一個極端狀態，見證了尺度改變所帶來的失序，造成了令人不安、出乎意料的效果。儀器失效了，雙眼什麼也無法辨識，大腦也堵住了。

尺度直接與我們的情意狀態產生關係，若沒有某些可知的東西作為依憑，我們便陷入了風險，甚至失足於虛空之中。盯著電腦螢幕、智慧手機及平板電腦時，我們得到哪些關於尺度的感知？這些用品上的法則會重新塑造我們的物理法則嗎？我們是憑靠著什麼背景，讓自身浮現出來？

工業時代讓我們對於形體／背景關係有了新的感知，我們也隨著這種牽連而有所演化，而此刻，資訊時代正在輸入一組全新的體驗。最近的尼爾森調查顯示，如今美國的成年人每天花費近五個小時面對數位螢幕（如果把電視及廣播也算進去，一天有近十二個小時在跟媒體打交道）。[6]這種日常生活習慣的重大轉變，我們怎麼會以為它不會或多或少改變了我們？螢幕後方的空間是個充滿狂想的夢幻奇境，裡面有訊號、電晶體、資訊和畫素，全部組合起來為我們的單調日常創造了另一條路，撩人心魂。

當我們戴上虛擬實境的護目鏡，我們會沉浸在怎樣的一個新世界？在虛擬實境中，空間既是有維度的，又是不實際的。它是一組視覺信號，設計師把它們調動起來而建立了一種幻象來欺騙我們的身體、大腦和感官（雖然目前為止，大部分都是欺騙視覺和某些觸覺）。

在虛擬實境裡，我們可以在一枚別針的頂端跳舞，又可以漂浮在電子之間的空間。我們會產生一股潛力，為這個完全的數位化環境更加充分地重塑尺度這個概念。如此一來，我們也會有能耐充分地重塑自身。也許我們將會向外望進這個新式虛擬空間裡的一片空無，而且看到的不是一無所有，而是奈米碳管黑體。

03

尺度不對稱

- 免費價值
- 認知剩餘
- 豐足經濟
- 大數據
- Netflix成功學
- 國安危機
- 數據向量
- 後設性
- 納入組織結構

九一一攻擊事件發生的八年之後，二〇〇九年的夏天，美國跟阿富汗、伊拉克的軍事交戰仍然如火如荼的進行中。美國的進軍行動原本打算敏捷快速地布下壓倒性的軍事力量，後來反而身陷泥淖。

就在這個情勢背景下，《紐約時報》記者布米勒（Elisabeth Bumiller）報導了在阿富汗首都喀布爾所舉行的一場簡報會議，頗有電影《奇愛博士》（*Dr.*

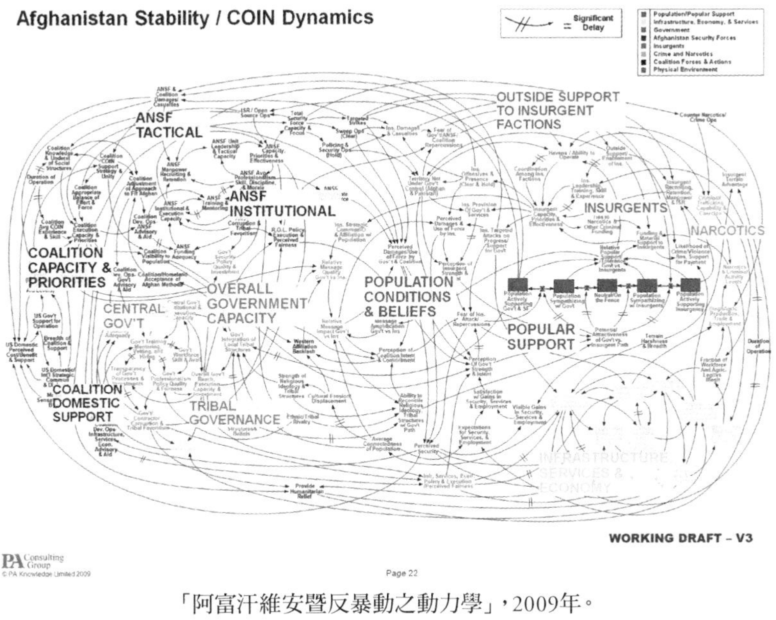

「阿富汗維安暨反暴動之動力學」，2009年。
美國參謀首長聯席會議辦公室國安文件。

Strangelove）般的格局。❶

當時，麥克里斯多（Stanley McChrystal）將軍是美軍和北約軍隊的司令。他鎮定的聽取戰略簡報，簡報中有一張投影片，是他的情報分析員製作的，呈現了反叛亂部隊的所有動態狀況——都在一張圖表裡。這張圖表密密麻麻、複雜纏繞，布米勒形容為「一碗義大利麵」。而麥克里斯多將軍面對這張圖表，脫口而出的一句諷刺可出名了：「等看懂這張投影片，我們都打完戰爭了。」據報導，會議室裡鬨堂大笑。

那一刻，有些奇異的事情正在發生。一股微妙又難以察覺的力量重新部署了他操之在手的舞台，迫使他面對一個混亂麻煩的現實，而且數年後，這個狀況仍在我們每個人的心頭縈繞不去。

地圖——在這裡就是指那張圖表——可以說超出了領土的涵蓋。後勤的協調越來越複雜而棘手，超過了阿富汗的軍事對抗；而麥克里斯多團隊蒐集、呈現情報及聯繫的能力，顯然強過了據此有效行動的能耐。這並不是說，勢不可擋的戰力彷彿在某種神奇的因素下變得不可能了。情況似乎相反：可得的數據「量」已然使得資訊的「質」變了樣，規模把訊號都變成了噪音。

布米勒的文章重點是這張簡報作為訊息傳遞方式的危險性。然而，麥克里斯多的妙語譏諷卻明明白白針對了訊息圖表本身的特性。這張圖表並非未經深思之後的清晰洞見，也不太可能有人持異議指出，阿富汗當前的局面並沒有這麼錯綜複雜，幾乎到了無可救藥的程度。

然而，在這個處境中，圖表的整體比起各部分的細節更為龐大而沉重，以至於整張圖表在操作上無用武之地。或者至少，麥克里斯多那句話就是在表達這個意思。圖表裡的那些節點、接駁轉運路線的精細程度，讓我們的認知負擔膨脹到了臨界點，多到無法消化，而且那些因果關係或戰力的箭號又模糊難解，導致深刻的分析觀點完全失焦了！也就是說，這張圖表既太過精細、又太過籠統了。

❶ 譯注：《奇愛博士》是導演庫柏力克（Stanley Kubrick）一九六四年的黑色幽默之作。電影劇情描述一名瘋狂的美國軍官堅信蘇聯正在陰謀腐化美國人民，想對蘇聯發射核彈。其他的政客、將軍，以及美國總統為避免大戰而想要阻止這個事件。片中對於國際強權的科技競賽及緊張的態勢，都巧妙描繪為幼稚與荒誕的對抗。

「等看懂這張投影片，我們都打完戰爭了！」麥克里斯多將軍對於二十一世紀戰爭狀況的評語，詭異地反映出系統規模改變之後的一項特質。就此案例而言，圖表上的訊息、接駁轉運及節點數量增生得太過快速，以致於「難題」發生了根本的變化。

麥克里斯多將軍指出的荒謬諷刺之處就是，由於使勁把每件東西都擺進地圖裡，「阿富汗維安暨反暴動之動力學」的圖表設計者在根本上改變了問題所在。

就戰略考量而言（以及由資訊設計師的角度來看），製圖目的應該是把複雜性降低到一個比例，讓新的可能性浮現出來。然而這張圖表的製作者對於系統的性質卻未曾考慮周到：當系統大幅成長，而且規模發生改變時，它們有可能突然變身，最後，投影片成了這場戰爭，而後勤補給反而成了敵人。

人造物與系統的規模改變，可能出乎我們的意料，打亂我們預測其行為的能力。這些前所未見的轉變，部分說明了當日常事物快速增長時（例如，幾百萬份檔案、幾十億人口、幾兆元），為何我們絞盡腦汁要對這些事情作出直截了當的明確解釋。**一個系統如果從線性、可預測的成長，演進到非線性而不可預測的態勢，那麼我們掌握自身脈絡**

的能力，很快就會搖搖欲墜了。

一九六八年，澳州的植栽生物學家溫特（Frits Went）發表了一項思想實驗，研究螞蟻、人類，以及尺度變動所造成的效果。他刊登於《美國科學家》（*American Scientist*）的一篇文章〈人的大小〉（*The Size of Man*），對照了「螞蟻的微觀世界」與「人類的巨觀世界」的物理可能性，探討了尺度大小與行為之間的關係。原本保守的假定是，適用於人類身上的物理法則也會以同樣方式適用於螞蟻身上，只不過整個規模會依照比例下降罷了。然而，溫特證實，這種想法大錯特錯。

螞蟻能學著看書識字嗎？這個問題的答案或許看似取決於你是否相信螞蟻有足夠的智商，能夠學習像閱讀這樣的複雜技能。螞蟻在個體層面當然相對簡單，但牠們在群聚層面可是展現了驚人的行為。但事實上，問題不在這裡。在溫特看來，尺度大小才是問題所在。

一本書如果縮小到螞蟻可以閱讀的大小，書頁之間的分子鍵對於螞蟻而言會太過強大，螞蟻根本不可能翻得動書頁。換句話說，**當你改變了尺度，問題也跟著改變了**。溫特進一步解釋，「當字體縮小了一千倍，就來到了一個可供辨視的極限，因為可見光無法解析微米（百萬分之一公尺）以下的形體。」假使螞蟻想要機械式地把訊息給記錄下來，牠們需要使用類似亞述人發明的刻寫版。不過，牠們又沒辦法在石版表面鑿刻文字，因為以牠們的大小，鎚子起不了作用，運不起任何的動能。[1]

以螞蟻的大小來說，小水滴無法洗去螞蟻外骨骼上的灰塵，因為水的表面張力很強，一滴水一下子就從螞蟻身上彈開了。相反的，螞蟻每隻腿上都有細小的鉤子和倒刺可以用來攀爬，又可以刮除塵埃和其他物質。溫特繼續指出：螞蟻沒辦法享用咖啡（表面張力太強了，無法倒下液體），或抽菸（火燄無法按比例縮小，而且螞蟻無法靠近火燄），或者穿上衣服（附著力會使得脫衣服成為不可能的事）。

整體而言，溫特的論點是，**物理法則為不同尺度決定了不同的可能性，端視生物體的相對大小而定**。所有生命體的能力條件都受限於牠們的形體相對比例，而生物在這世界上生存的能耐，在功能運作上也取決於身形的尺度。「假如人體是現在的兩倍大，他摔倒的動能會很大（是尋常身形的三十二倍），大到使他在直立行走時變得不安全。」[2]

他又提出另一個論證：針對不同的尺度大小，我們必須重新思考各種物理法則。依照溫特的看法，人類生活在古典力學（也就是牛頓的力學法則）的世界。在此層級上，人類身體所體驗的物理作用主要是由重力法則來決定。而螞蟻則相反，牠們更受到分子和熱力學性質的影響，跟牛頓式的力學天差地遠。在螞蟻的層級，即使是衡量長度和整體數量都會變得不穩定。溫特的實驗證實了一件事：尺度大小的改變可以造成驚人的結果。系統行為隨著尺度大小的改變而改變，物理學家把這種現象稱為「**尺度變異**」或「**尺度不對稱**」。

這些相變可以改變得多徹底？我們來想想蝴蝶的變態。蝶蛹或繭這種黑盒子裡發生了什麼事？切開一個還在變化中的蛹子，映入眼簾的不是毛毛蟲，不是蝴蝶，也不是兩者的奇異混合體，就只是一團黏糊糊的東西。[3]

像毛蟲這類生命體（其實牠是幼體），它在生命周期中不斷成長及進食、成長及進食，直到長成一個特定的、遺傳學上的固定大小與形體。也就是說，牠們的成長是一種可預測的線性路徑。不過，一旦成長抵達了預定的門檻，賀爾蒙就開始灌注進來，基因啟動，一段前所未有的相變也開始了。

過程的一開始，毛蟲以頭下尾上的姿態貼附在某個表面上（通常是一片葉子），然後，牠或者吐絲成繭、或者蛻殼，形成了蝶蛹。封進囊中之後，毛蟲會分泌一種酵素來分解組織與器官，從一個固體生物轉變成一團黏液。然而，漂浮在這團黏液中的是某種可辨識的小塊，這是成蟲的盤狀物，還有快速分裂的細胞群，為蝴蝶成蟲的翅膀、觸鬚、腿、眼睛、生殖器和其他組成部分提供原始的結構物。

生物學家維絲（Martha Weiss）和其研究團隊為這種形態變化揭開了令人目瞪口呆的一面。她藉由負向刺激的制約反應來測試神經的持續性。換一種方式來說，他們讓毛蟲接觸乙酸乙酯這種聞起來腐臭的氣味，同時對牠們施以微量的電極，給予負向的制約。

明顯可見的是，毛蟲確實從臭味接觸之中有所學習。在一項測試中，牠們可以在沒有氣味的小室與乙酸乙酯的小室之間做出選擇，有很高比例（百分之七十八）的毛蟲鑽進了沒有臭味的小室。毛蟲變態之後，研究人員對蝴蝶作了同樣的測試，給牠們一間充滿腐臭氣味的小室（跟電極有負向聯結），以及沒有氣味的小室，而幾乎有同樣高比例（百分之七十七）的蝴蝶選擇了沒有乙酸乙酯的小室，如同牠們還是毛蟲的時候那樣。毛蟲在變態過程中儘管把自己分解成黏液，但某種程度上，牠的記憶仍然留存著。[4]

全變態生物體（亦即經歷變態過程的生物體）擁有持續的記憶，這個特性誠然令人注目，不過比起巨觀層面所發生的徹底轉變卻相形見絀。一度是慢慢爬行、咀嚼樹葉，並且受到萬有引力挑戰的毛毛蟲，竟然破繭而出，成為會飛舞、吸食花蜜的空中精靈。細胞演化從幼體變成一種生命形態，可以說，這些細胞裡含有一道程式，讓幼體把自己分解至幾乎不成一物，而後重建成為全新形態的生命。

由於身形尺度改變了，整體系統行為也改變了。一開始是一隻毛蟲，靠著食物和基因的觸發，徹底轉變成一個跟原來的自己沒有什麼相似度的生命體——儘管牠的感覺和記憶奇蹟般地留存著。螞蟻和蝴蝶都顯示了尺度的巨變：由於系統或系統中的成分在尺度上發生了變化，牠們本來的天性也發生了難以預料的轉變。

如果我們從毛蟲和螞蟻的例子進一步去看尺度更小的東西，你會發現更令人吃驚的行為。「疊加」是量子層面的一條物理定律：在特定的某些量級上——尤其是量子層面——粒子有可能於同一時間點位於兩個地方，或者兩個粒子隔著一段距離而共有同一個狀態。（坦白說，這個發現至今令人費解不已，雖然並不是很新的發現。）至少打從一九三〇年代開始，科學家就有過假設，當我們將尺度縮小至量子層面，物體會出現某種非常奇怪的活動方式。

愛因斯坦不予採信，他輕蔑地把這個假說稱為「活見鬼的遠距行為」，但是更晚近的發現已經證實愛因斯坦是錯的。然而，這些奇特的活動，只有當我們把感知的尺度往下移到幾近看不見的、難以想像的層次才會發生。

阿爾－卡利（Jim Al-Khalili）和麥克法登（Johnjoe McFadden）這兩位科普作家，他

們探討的不只是量子力學的世界（量子現象如何影響了物理世界的能量和物質），還有方興未艾的量子生物學領域（同樣的現象如何在細胞層次影響生物體的系統），他們描述了這個複雜難解的問題：

如果量子力學能夠美妙又精準地描述原子的活動，還涵蓋它們所伴隨的一切怪異現象，那麼我們周遭所見的一切物體，包括我們自己——這些畢竟都只是原子所構成的——為什麼不能同一時間位於兩個地方，不能跨越不可穿透的藩籬，或者跨越空間而能瞬間溝通呢？

一項明顯的差異就是，量子的定律適用於單一的粒子，或者僅由少量原子構成的系統上。然而幾兆原子結合起來所構成的更大物體，卻具有令人百思不解的異變與複雜性。某種意義下，以我們目前才剛開始理解的方式來說，系統越大，大部分的量子怪異活動越是快速消失無蹤。最後我們才遇到了日常生活的物體，它們遵守著物理學家所謂「古典世界」裡熟悉的定律。5

這麼看來，人類就是太大、太混亂而且太複雜了，無法在量子層面遵循著奇妙的定律生存。但是，固然我們無法享有量子疊加的好處，其他生物卻不盡然也是如此。

李東昌（Tongcang Li）和尹璋琦（Zhang-Qi Yin）兩位學者最近計畫要在分子層面為一隻細菌貼附上一層鋁膜，他們想知道這兩者聚合帶到量子疊加的狀態之後會產生什麼結果。科羅拉多大學的研究者已經讓鋁膜成為量子狀態了，而微生物卻比鋁膜還要小得多，所以對於這個下一步的實驗，李東昌和尹璋琦希望能夠記錄下來，當微生物體受到神祕的量子之力，會發生什麼事。[6]

一個粒子跟它自身的量子雙胞胎之間保持著一種物理關係，量子物理學家用了「纏結」（entanglement）這個字來描述這種難以置信的情形。幾乎找不到更好的字彙能如此恰如其分地描述這種糾結複雜又逐步發展的關係。在山嶺、樹木、大象、熊、人類、貓、跳蚤、甚至塵蟎的形體尺度上所不可能出現的現象，來到簡單的細菌尺度，卻是完全可以想像，甚至可以藉由實驗來測試。

我們在這個世界上遇見的每件事物，無論是物質性的東西（灰塵或山嶺）、無形的力量（風或光），甚或某種概念（如難題或機會），都有各種尺度。例如，我們感覺壓力正在增強，或者大到無可抗衡。我們內建某些工具來幫助我們在日常經驗中衡量壓力的存在程度，就類似估量窗外空氣中的溫度變化，或者汽車輪胎內部的壓力。

表面上，我們能夠感覺到無形的壓力在增加、減少，有高低的變化，但是對於我們所感知的事物，如果它的尺度層級改變了，就不見得都是遵守尋常的法則或定律，尤其我們正面臨著數位媒介程度更高的世界。

例如，我用常見的文書處理程式Microsoft Word打開一個文件，我可以選擇設定我需要的頁面大小。假設我設定了美國標準的「信件尺寸」，8.5×11英吋，那麼我所寫的任何內容，格式都會符合8.5×11英吋的紙張，一如它在我螢幕上呈現的樣子。

「WYSIWYG」（what you see is what you get，所見即所得）這種發明，讓電腦對於新手來說更加方便好用，而且建立起穩固的橋樑，連接了數位世界與我們所認識的物質世界。Microsoft Word還讓我可以用各種比例縮放，從百分之十到百分之五百，來檢視螢幕上的文件。這樣一來，我就可以把它放大，察看打字的樣式及行距；或者縮小，檢視一下整頁列印出來是什麼樣子。

這是微軟應用程式的特色之一，簡單好用，而且讓使用者處於舒適又熟悉的狀態下處理文件。如果我決定要以百分之百的比例察看我那8.5×11英吋的文件，那麼我在螢幕上看到的檔案有多大？顯然答案是：8.5×11英吋的百分之百，也就是8.5×11英吋。可是，如果我拿出尺規來量測十五英吋筆記型電腦螢幕的「文件」視窗，我會發現在電腦螢幕的世界，8.5×11英吋的百分之百實際上是6.25×8.125英吋。

讓情況更加費解的是，這個8.5×11英吋的百分之百尺寸，很可能隨著不同的電腦顯示器而改變，端視顯示器的大小和解析度而定。雖然這種改變微不足道，但已經有某些東西溜進了我們對於尺度的關係，它正在改寫我們所知覺的宇宙，雖然不算太明顯，甚至可說是微不足道的。

類似尺度對於知覺所造成的纏結，經常在桌面環境下編輯圖片的人們多半都不陌生。每個人都會告訴你，左下方的兩張蘑菇圖像是一模一樣的，即使湊近看也察覺不出有什麼區別。不過，左邊圖片只有600×600畫素，而右邊是2544×2544畫素。也就是說，在電腦媒介環境下的視覺空間裡，我們的感官覺得這兩張圖是一模一樣的，但列印出來檢視它們的實際大小後，會發現其中一張比郵票大不了多少，而另一張則相當於一張小型海報的尺寸。

螢幕上與真實世界的圖像空間，兩者有著根本上的知覺差距，就好像Microsoft Word的檔案。用電腦工作的設計師為了這點費盡了心思。例如，要設計一張海報，調整好出現在螢幕上的文件比例是一回事，但當同一份檔案列印出來、貼在牆上之後，卻大不相同了。即使頁面輸出的應用程式是依照比例

兩張看似一模一樣的圖片，而就畫素大小來說則有顯著的不同。

在螢幕上縮小了檔案（也就是藉由線性增量的方式），基本上維持著所有的比例和關係，但是當這份檔案以完整的尺寸輸出而讓感官可以在物理世界中接觸到時，眼睛還是會看出質的差異。

Microsoft Word檔案並非所見即所得，而Photoshop圖片則同時可以既相同又不相同。從這些案例中，我們會發現，**以電腦為媒介的環境已經在根本上改變了日常經驗所仰賴的知覺線索**。這些情況中的扭曲並不至於讓生活變調，但隨著我們在位元與原子之間的混種空間所耗費的時間越多，這些情況確實對我們的知覺能力產生了一些微妙的影響。

數位的無形世界不但影響了我們對周遭事物的感知，連我們的經濟如何創造及流通價值，也跟著改變了。如果經濟就是以其他方式進行的戰爭，那麼，方興未艾的電子戰場一直發生的徹底不對稱或失去比例，一樣可能出現在數位市場，那表示微不足道的事情將造成難以想像的強大威力，而毫無價值的東西將變得待價而沽。

免費價值

二〇一〇年，《連線》（*Wired*）雜誌總編輯安德森（Chris Anderson）出版《免費：商業的未來》（*Free: How Today's Smartest Businesses Profit by Giving Something for Nothing*）一書，提出了形式相對新穎的一種經濟局面，這種局勢緣於資訊網路的興起，以及可以輕易複製的數位事物。

安德森依據摩爾定律❷——該定律預測，處理資訊的速度，每兩年就會提高一倍——而提出一個觀點：科技潛能的革新讓數位經濟的三大驅動要素，也就是處理速度、頻寬及數位容量，都降低了成本。事實上，以它們降價的速度之快，導致了數位產品的製造、配送及保存成本不斷壓低，最後很可能趨近於無……或者在某些情況下，就

❷ 譯注：戈登，摩爾（Gordon Earle Moore）是英特爾的創始人之一，他於一九七五年提出摩爾定律（Moore's law）這項觀測。

是零成本。

無論實際成本是否為零，都已經很接近於零，足以忽略不計。這種幾近無限供應的結果，顛覆了許多商業策略的信條。公司可以幾近免費地供應貨物及服務，但是透過從許多用戶那兒蒐集而來的流量和數據，這些公司還是產出了極為龐大的價值。

如同安德森所指出的，「免費」其來有自。在超級市場停車是免費的，許多行動電話公司也免費提供了電話機。但這些案例是靠交叉補貼在支撐著免費的機制，例如超市中食物的價格比停車費還高，而行動電話的費用，則有待使用者在電話機的通訊合約期間分次償還。

二十世紀有一大部分的時間，廣播與電視服務是免費提供給電波下的大眾，但支付這些免費服務的，則是廣告客戶及他們的第三方客戶。消費者未必知道廣告費用實際上已經加進了商品的額外成本（付給了廣告商，而廣告商又付給了免費的廣播服務）。但是安德森指出的，電子位元世界裡的免費，性質上早已全然不同於原子市場的免費。[7]

以google為例，它拋出了大量貨品與服務，從搜尋功能到文書處理和電子郵件服務，到youtube影音內容及圖片儲存，都不要求使用者的任何回饋。但它卻找到了辦法（點擊式廣告型態多少是種發明）把廣告客戶帶進來作為第三方，而賣出了廣告空間，讓google的使用者觀看。

Google已經是幾十億美元的大公司，卻沒有靠它的服務而向用戶收過一毛錢，這是頭腳顛倒的經濟體制中令人矚目的案例。他們靠關注度來賺錢，Google創立了這麼難以置信的好評服務，並藉由從用戶身上搜刮來的數據而獲利。

安德森指出，Google比對手還要聰明。它開發了一種搜尋演算法，隨著網路範圍的擴大而產生更高的效率。然而，他們的競爭者卻隨著網路使用逐漸增加而提高了成本。這家公司有能力因應用戶範圍的擴大而增加服務，卻不必明顯提高成本，並且藉由其他管道來增加年收益。「豐足性（abundance）把某些成本降低到樓地板，」安德森這麼說，「而價值卻因此更上一層樓。」[8]

安德森引用的案例之一，是非主流樂團「電台司令」（Radiohead）決定放棄傳統管道來販售音樂，同時也想嘗試一下這種「免費」經濟的好處——以創新的方式。電台司令樂團不走尋常的零售及發行通路，而選擇在網路上直接將產品賣給粉絲。任何人都可以在網路上下載他們的專輯《彩虹裡》（*In Rainbows*），而不必支付半毛錢。如果這讓他們覺得划算，或許就願意為這種新的內容支付他們認為應該支付的費用。

重製數位檔案的花費不像傳統壓製唱盤或複寫雷射唱片那樣耗繁，而是接近零成本，所以他們真正的花費是在頻寬、儲存空間，以及管理檔案傳輸協定下的音樂專輯網站，這一切相較於過往所編列的預算，簡直微不足道。結果，《彩虹裡》成了電台司令銷售史上最成功的專輯，下載了超過三百萬份拷貝。他們靠著專輯的數位下載賺進更多的錢，超過他們以往採用過的任何一種發售管道。[9]

在這些案例中，**規模的增減並不只按照比例擴大或縮小了經濟的格局，而是整個改寫了規則**。Google和電台司令這兩個案例，無論是透過第三方的作法（Google對於廣告的敏銳度），或者樂迷基於對電台司令的榮譽／罪惡感而「依意願付費」，確實將錢賺進手裡了。Google終究找到了一個辦法，拋送了自家的產品而創造了價值。

認知剩餘

「維基百科」是另一個賺錢的故事。維基百科完全仰賴積極行動又勇於付出的志願者，整編了無與倫比的大量勞力，而建立起免費的百科全書，成為該領域的一大殺手。為什麼好幾千名無酬勞動者會願意奉獻時間、心力和智慧，來創造這種前所未見的產品？安德森表示，維基百科聲名鵲起而且持續獲得成功，歸因於兩股推力。

首先，志願的勞力付出確實對奉獻者產生了價值，不過，不是金錢的價值。奉獻者毋寧是經由群體、個人成長，以及釋出自己的「認知剩餘」（cognitive surplus）等三種向度，來提升了他們的自尊及成就感。換句話說，這些奉獻可不是出於老闆的要求，他們藉由寫作、苦心鑽研而學到了關於某種主題和興趣的知識，同時也因為自己的努力，而在社群中占有一席之地。

無論這些人是茱蒂．嘉蘭（Judy Garland）的粉絲、LED卡西歐手表的收藏家，或者是抱持某些理念，希望形塑歷史學科對於美國入侵伊拉克的看法，他們的付出都產生了價值，只不過並非我們過去所認知的經濟價值。

維基百科成功的第二股力量，可以直接歸因於它的規模：因為維基百科是那麼的龐大，廣大的使用者之中只需要小小百分比的人來做出貢獻，它就能成功；此處我們再一次見識到，**逐漸擴大的使用者規模，讓價值鏈產生了新的形式**。安德森估算過，線上百科全書的讀者之中，有大約萬分之一成為作者而有所貢獻。但因為維基百科散播全球，而且對所有人都是免費的，因此它就有了天大的用戶基礎。天大的數量中的小小百分比，可能就是個驚人的大數目了。[10]

豐足經濟

安德森告誡讀者不要從古典經濟學理論中所謂「匱乏」的角度來思考，而是要反過來，從網路所催生「豐足」新經濟的角度來思考。他一再強調，一個東西如果是免費的，新的價值就會從別的地方形成。換言之，隨著規模的改變，難題或機會也跟著改變了。就上述實例來看，人類必須聰明到足以預見新價值的迸生之處，並且捷足先登，才能累積戰利品。

安德森致力於運用書中描述的那些原則，他說服了出版商跟隨他走上免費供應的路子。安德森遵循著網路出版人奧萊理（Tim O'Reilly）的箴言：「作為一名作者，他的敵人不是盜版，而是沒沒無名。」從而鼓舞了他的出版商發展出一種策略，循著這種新經濟趨勢而體悟到的法則。[11]

這本書推出時，你可以在Scribd公司網站或Google Books免費讀到整本書。除了九頁的摘錄內容，整本書不開放下載或列印。而經過了一點刻意的安排和設計，你我都可以下載到整本有聲書，但如果你想下載一本刪節過的有聲書，卻得花上七．四九美元。[12]至此，我們探見了那個曖昧不明的底部，那是規模對於網路上的定價、價值及內容所造成的後果。

豐足經濟觀讓古典經濟學大為失色，使得安德森和他的出版商把自己的定價等級扭曲得像是繩結椒鹽餅，亟欲找出下一次價值會從哪裡冒出頭來。毫無疑問，這裡面有某些「時間就是金錢」的計算，刪節過的有聲書比起免費有聲書來得更耗費時間成本，而且，出版商也只在有限的時間內提供某些免費的版本，用以創造話題。但同樣顯而易見的是，網路的巨大規模，以及製造、配送發行及倉儲的成本暴跌，正在大舉破壞我們所認識的價值。[13]

大數據

數據是怎麼變大的呢？我們在數據的領域，遇到了同樣是系統層面的相變。我們再一次發現，數據領域的規模改變是如何創造出難以預料的新形態知識、訊息洞察與控管。當然，**大數據**是對規模的一種描述，從數據進化成大數據，走的路徑是由一種性質的資訊轉變為另一種；或者說，大數據的先驅人士讓我們這麼認為。

在觀察者心目中，大數據不只是更多的數據而已。大多數人都把亞馬遜公司視為零售商，銷售的貨品從盥洗用品、玩具、鏈鋸到葡萄柚，無所不包。他們擴大了服務，從販賣貨品走向在自己網站生產原創的串流影視內容，他們也開始設計及製造智慧手機、平板電腦和e-book閱讀器。

在過去很長一段時間，亞馬遜的獲利並不高。儘管在高獲利之前，它在數位發行的版圖已經占有龍頭地位，某個程度並不輸給沃爾瑪、西爾斯百貨之類的實體店家，然而在這個過程中，亞馬遜體認到，雖然它可能會賠錢，或即將脫離自己擅長經營的零售事業，但是就賺錢這個目標來說，還有更重要的事情。

截至二〇一五年十月，亞馬遜網路服務公司賺到了亞馬遜公司總收入的百分之八，但令人跌破眼鏡的是，那是亞馬遜營業利潤的百分之五十二；而它雲端事業的利潤超越了該公司其他部門加起來的總收益。[14]換言之，亞馬遜旗下最快速成長且獲利最高的部門，是供應網路伺服器的容量，以及企業的基礎設施，而不是用無人機來配送尿布。

亞馬遜體認到，由數據所牽動的經濟格局中，儲存和數據管理正是一項關鍵性服務。因此他們超前部署，企圖在這個領域中拔得頭籌，在全世界建立了龐大的伺服器農場。這些「農場」通常位於偏遠及氣候寒冷之地，因為伺服器會產生大量的熱能，設置在寒冷之處可以減少成本。他們之所以投入這樣的事業，理由正切合了數據文化與管理的規模轉變的需求。

說到底，新形態的價值，就是讓大數據有別於一般的數據。新價值的形態可以是經濟回饋、術據洞察、更優質的服務、更高度的客製化，或者更密切的控管，我們如今已知的就是這些。

Netflix成功學

以「網飛」（Netflix）為例，這家公司過去的核心業務是郵寄DVD到訂閱者家裡。後來他們發現他們擁有一個大寶藏，那就是關於用戶對內容喜好度的相關資訊，這些資訊可以深入到觀看者在哪一處內容按下了暫停鍵、倒回重看、向前快轉，或者直接放棄不看。

網飛藉由每天約三千萬次的「播放」而掇拾的訊息，策畫了《紙牌屋》（*House of Cards*）這部影集。這是一齣十分成功的網路串流影集，靠的是非常知名的金三角：導演大衛．芬奇（David Fincher），演員凱文．史貝西（Kevin Spacey），以及英國的政治電視劇《紙牌屋》。網飛把數據搭成了三角形，而在某種程度上預測了這齣戲未來的成功，或至少縮限了風險。他們的數據分析師深知網飛訂閱者喜歡及不喜歡什麼，雖然這齣戲的基礎並不在於訂閱者所表明的偏好，而是大量累積了訂閱者不知不覺中表現出來的真實行為。

大數據及它周邊的文化仍處於蹣跚學步的階段，往後還會遇上更多辛苦與挫敗，方興未艾的瘦身文化就是一個例子。

許多人開始在手腕戴上瘦身追蹤手環，記錄行走的步數、心跳速率和其他健康資料。手環的戴用者有許多也是慢跑人士，他們加入了一項名為「Strava」的數位服務，這項服務為瘦身社群的跑步路程繪製地圖、累積資料。使用了Strava，我們可以存取跑步路線圖，以及與此相關的資料（包括心跳速率、路線、跑步時間長度、海拔高度變化等）。這些地圖如果由社群發佈給了Strava，你我就可以在住家附近找到跑步的新地點，或者旅行到國外城市時，就可以找到跑步的最佳路線。

國安危機

二〇一七年，Strava決定發佈一份包含了所有路線的「熱點地圖」。這是由所有運動者在使用這個應用程式時所繪製的，這個地圖將大量資料開放給用戶及應用程式的開發者，以激勵未來在產品及服務的生態系統方面的研發。

如他們所宣告的：「這次的更新，包含了較以往多出六倍的數據；截至二〇一七年九月，所有Strava數據裡總計有十億次的運動。我們的全球熱點地圖是同類型產品中最大、最豐富、最漂亮的資料模組。它把Strava的全球運動網絡直接視覺化了。」他們當時還沒有看到的是，將數據開放給更廣大的社群，將釀成一起國安事件！

追蹤並累積個人健康數據，看起來是很不錯的想法，於是美國陸軍也讓一部分現役軍人戴上瘦身追蹤手環，希望可以監控、並且最終能改善數百萬士兵的健康狀況。由於Strava把**所有**用戶的資料記錄在全球「熱點地圖」裡，結果一不小心就暴露了那些敏感甚至機密的美國陸軍基地內部活動及位置。更糟的是，這些資料甚至可能從個別的運動路線追蹤到特定、已知身分的個人。[15]

雖然某些美國陸軍基地是公開的，或在Google或蘋果的地圖應用程式上也找得到，但並非全都如此。例如在阿富汗就有這麼一座秘密基地，它不見於諸如Google或蘋果地圖這類供應商的衛星視野中，但透過Strava，你卻可以清楚看到它。因為在通常的情況下，士兵被限制在營區裡運動，當跑步者環繞著基地四周跑步，當你想找到最不受拘束的路線，營區基地的邊界就會清楚呈現出一條鮮明的界線。

這起違法事件發生之後，美國陸軍被迫重新思考相關政策，包括數據隱私、士兵的活動追蹤器，平板及電腦，還有智慧手機。過去美國陸軍也曾這麼做，當時新兵正瘋迷寶可夢，或者登入了Foursquare的用戶定位網路服務，或者在「智慧」電視機前進行敏感的交談（智慧電視機可以監聽對話），而暴露了敏感的位置數據。[16]很少有人會想到，一具瘦身追蹤器再加上數百萬瘦身追蹤器的累積，竟會成為諜報活動的工具。

數據向量

是什麼讓大數據變得那麼龐大、豐富又不可思議？這裡有各種各樣的解釋，把它們總合起來，便顯示了大數據令人出乎意外的一面。數據科學家開玩笑說，大數據就是超級龐大的數據，大到連Excel都裝不下。也就是說，關連性數據庫的大小，以及蒐集、儲存和分析數據的需求，都溢出了Excel的空白表格程式，而使得Excel軟體不再勝任。

二〇〇一年，當「大數據」這個詞彙尚未普遍地被使用，數據管理分析師蘭伊（Doug Laney）已經打造了他的「3V」架構，來描述逐漸匯聚而成的三大數據向量，3V分別是分量（volume）、速率（velocity）和多樣性（variety）。至今還有許多人使用這個架構。[17]

蘭伊回應了電子商務和數據儲存方面的提升，他準確診斷出幾個將導致數據大爆炸的條件，包括分量更為龐大，累積速度更快，而且各數據庫沒有共同格式或語意結構。到了二〇一一年，市場情報公司IDC修訂了蘭伊的描述，加入了「價值」（value）作為架構中的第四個V：「大數據科技描繪出新一代的技術和內部結構，它們的設計是為了從分量龐大而多元類型的數據中，藉由高速存取、揭露或分析的能力，來提取經濟價值。」在這番構想中，價值成了一項神秘的補充，它來自龐大的巨量，也來自規模的相變。[18]

大數據的「大」實際究竟指涉什麼，並非所有的數據科學家都有共識。

二〇一四年，大數據最狂熱的巔峰時刻，杜徹（Jennifer Dutcher）在加州柏克萊大學的數據科學系擔任社區關係經理。她在線上發表了一分報告，調查了四十名具有影響力的數據科學家、經理人和作家。她要求他們界定何為大數據，而她收集到有關「大」的可能意涵，展現了萬花筒般的視野。

- 大數據所指的數據，**無法輕易納進標準的關連性數據庫**。（Hal Varian）
- 大數據描述著一個極為龐大的數據量，唯有**當傳統的數據分析取向注定失敗**，這個詞彙才會真正的開始作用。這意謂著你正在從事一項複雜的數據分析，而數據大到無法納進記憶體。或者意謂著，你正在處理一個數據儲存系統，而它並不提供標準的關連性數據庫的完整功能。最不可或缺的是，舊的做事方法不再管用，而且單靠擴充也無濟於事。（John Myles White）
- 如今我們的所知所聞都附帶了數據，這不只見於我們用來運算的設備。日常生活中，從車庫門感應器到咖啡壺，以及其間各種東西都留下了數位廢氣（digital

exhaust）。同時，我們這一代已經不同了，從幾千哩外的國家天氣如何，到哪一家商店有更划算的烤箱，我們立即就能取得資訊。大數據來到了一個十字路口：**所有未經處理的數據都經過蒐集、組織、儲存，並轉換成真正有意義的訊息**。（Prakash Nanduri）

- 大數據並不只跟分量有關。更重要的是，它是結合了不同的數據組合，並且立即加以分析，而讓你的組織機構產生數據洞察。因此大數據的正確定義應該是「混合數據」。（Mark van Rijmenam）
- 大數據：是無窮的可能性，或者是從搖籃到墳墓的枷鎖，這取決於我們在政治、倫理與法律上的抉擇。（Deirdre Mulligan）
- 大數據一開始是一種用於分散式運算的技術革新，現在則是一種文化運動。它讓我們**站在宏觀角度發現人如何與這個世界互動**，以及世界與人如何互動。（Drew Conway）
- 對我來說，技術性的定義固然重要（例如「過於龐大到無法納進Excel的空白表格程式」，或「龐大到記憶體無法承載」），但並非最主要的。我認為大數據是一種大規模及大格局的數據。當人及組織機構面臨糾結無解的難題，它以某種根

本的方式，重新劃定了可以考慮的解方範圍。那是不同面貌的解方，而不只是更多、更好而已。（Steven Weber）19

史帝芬．韋伯所謂的「不只是更多更好」，就是指相變。經過相變，量變就造成了質的轉換。正如水變成蒸汽，數據質變成為價值。

後設性

上述這些定義中明顯可見，所謂大，不只是指數量龐大。對某些科學家來說，它指向不同面貌的東西，而非更大的事物。如果一般的數據揭示了我們已經知道的事，那麼大數據的理念就是，它能為我們提供一道X光，照出我們用別的方式所無法看見的決策模式和行為。

大數據將揭露我們自己，就像佛洛依德發現的無意識，針對「我們是誰」傳達了深刻的真相，從而引領我們進入了一個主體自我反映的新時代。對數據進行後設的認識，成了形而上的後設物理學（metaphysics）。[3]

大數據令人躍躍欲試或震懾驚駭之處，在於它給予了這樣的應許：資訊科學家如果將巨量的數據結合強大的處理能力，就會有某些新穎而出人意料的東西浮上檯面。這些新時代的數據採礦人，將能從我們渾然不覺的日常行為中提取如同黃金、鋁氧石、鉭一般珍貴的數位之礦。

站在分析的觀點，聚集了堪稱「大」的數據量就代表著，我們從數據本身去蒐集觀點的方式，有了一種內在結構的轉變。我們製造與蒐集數位數據至今已將近半個世紀，所以蒐集數據並不是新的現象。在電腦運算的早期階段，大部分數據都是被納進組織結構的。也就是說，它會經過預先格式化，而組織成離散不連續的各個單位，並且有一個秩序在其中。分析師可以藉由關鍵字詞來搜尋數據，還可以將數據加以分類或過濾，成為有意義的次單位。

在電腦運算的世界，空白表格程式和數據庫就是看不見的底層結構，而它們就是由數據的生產與耗用所需的組織矩陣所構成。如果分析師能夠有效執行一項相對簡單的搜尋，以聚集、讀取並且分析數據，而不至於在海量資料中有所疏漏，那麼，這就代表資訊被納進了一個組織結構。

納入組織結構

稅單就是一種納進組織結構的數據，串珠商店的存貨清單也一樣，即使可能有數百萬顆串珠分別隸屬於幾千個類別。同屬於加盟連鎖的一百家串珠商店，集結起來的串珠存貨清單就代表著大量的數據，但它仍然是一個納進組織結構的數據。組織結構無關乎數據量的多寡，只關乎這個組織本身。如今，構成數據文化的大部分數據，都仍然是被納進組織結構的，只不過它的分量已經不可同日而語，因為有了未經組織結構的數據到

---

❸ 譯注：metadata直譯為「後設數據」或「後設資料」，也就是對數據進行後設的認識與理解。至於metaphysics，通用譯名為「形上學」，而字面意義是「後設物理學」，也就對物理學進行後設的反省與檢視。作者強調了metadata的「後設」性。

處擴散，超量膨脹。

然而，未經組織結構的數據，正是數據分析師的夢幻聖杯，因為它代表著一座有待探勘的巨大資源。比如說，一張數位照片就是未經組織結構的數據，就像文書處理的檔案、推特、部落格貼文、聲音檔及數位影片的內容。據估計，網路上有高達百分之九十的內容都是現行未經組織結構的數據，這就是為什麼有那麼多人努力希望更有效地探勘發掘。

再舉個例子，一張貼到社群媒體網站的數位照片，就會自動產生一定數量納進組織結構的數據，而讓一家公司得以探勘而獲利：張貼這張照片的帳號名稱、張貼的時間及日期、隨著照片而添加的標籤、對照片按「讚」的其他帳號，以及這張照片的後設數據等。不過，大部分公司所無法自動辨識的，卻是實際的影像內容。影像的畫素排列或許是有組織的，但畫素排列本身並無法顯示出這張照片裡是一個茄子、一個洋蔥，還是一座摩天大樓。

試想，有這麼一段影片，內容是一個十幾歲少女在玩滑板，她和朋友們把影片貼上了社群媒體網站，並加上「#玩滑板」的標籤。為了說明這名少女及其行為，擁有社交網站伺服器的公司會自動偵測出她貼出了一則影片檔（並辨認例如.avi、H.264之類的檔案命名協定），並記錄她所上傳的檔案格式。社群網站會把這些加進有關她的資料（名稱、電子郵件、好友電郵信址、好友數量等）數據庫中。

這些資料是經過組織結構的。但是，影片內容則完全不經過組織結構，也就是說，內建於軟體的分析引擎並不知道它是一段玩滑板的影片，或者是其他的內容，也無法知曉這段影片裡實際上在發生的事。

這段影片由數百萬位元的資訊所構成：從女孩襯衫的顏色，到拍攝當日的天氣，到場景中的其他人名，到玩滑板的人所穿的運動鞋品牌，族繁不及備載。如果社群媒體公司想要從她與其他人的滑板影片中一點一滴蒐集數據洞察，以便把這份數據洞察賣給滑板公司，那就需要一個人來觀看影片，並辨認如滑板玩家所穿的運動鞋款式和品牌，他們會將該網站所張貼的那段影片，以及每一段滑板影片的資料都記錄下來。

但是，要探勘未經組織結構的數據，用這個方法是極度緩慢又非常昂貴的，而大部分公司也付不起那麼多錢，就為了透過滑板玩家的運動鞋購買行為來探知可能的新興潮流，或撿到零星的數據洞察，而去對數十億影片的連續鏡頭（大部分還是不相干的）進行人力搜尋、累積和分析。同一家社群媒體公司或許也想把自家擁有的資訊洞察賣給貓食公司，於是它雇用了更多人力來檢視上百萬段貓咪影片。但相同的困境是，錢的問題就是解決不了。

不過，即使社群媒體公司從一段滑板影片中沒辦法撿拾到太多東西，它們還是可以找到其他資源。大部分的數據都帶著與它本身相關的一些數據，那通常是看不見的、伴隨性的數據，也就是後設數據。

行動電話拍下了單張照片並上傳到社群媒體網站，照片中包含的不只是影像檔名，以及何時何地上傳的印記，還很可能包含可交換影像檔格式的資料，它標示了拍照者用的是哪一款相機或智慧手機；也會標示鏡頭樣式、解析度、相機設定等。此外，如果那款相機或手機內建了全球衛星定位系統，那麼也會有關於照片拍攝地點的地理標註資料。如果這位滑板玩家還標註了同在照片裡的其他人，公司就會知道當天他們去了哪裡、跟誰在一起。

滑板玩家的資料，加上公司手上關於她朋友的其他資料，兩邊可以交互參照，合併幾個人在同一時間點的資料，成為一幅完整的圖像。對於盤整她資料的社群媒體公司來說，這些來自影片的數據正在進化中，從未納進結構演變成納進了結構，由一團混沌進入了秩序。

二〇一一年，國家數據資訊有限公司（IDC）發表了一篇報告，標題這樣聲明：「大數據不是創造出來的內容，甚至不是內容的耗用——大數據是在分析內容四周圍繞的所有數據。」[20]你我都可以在這個說法中感受到大數據的產生作用。他們不再把數據本身當作寶，有關數據的數據，才是新價值的來源。

這也正是為什麼許多人認為，Uber（乘車共享公司）是個大數據公司，而不是只提供運送服務的公司。Uber透過智慧手機的應用程式、資料庫管理系統及反饋結構，對於用戶、駕駛員及他們習慣和所在之處都產生了足夠的補充數據。於是，Uner能夠把這些數據賣給其他公司，因為他們急切想更了解人們會去哪裡、可能需要哪些服務，以及在什麼時間移動。例如，如果交通管理單位在一年中的每一天都知道車輛使用的即時模式，肯定能搜集到關鍵性的數據洞察。

於是，就某種特定的意義來說，從經過組織結構來到未經組織結構的數據，就是從事實進入了其中的意涵。自動化的數據探勘引擎能告訴我們，玩滑板的那段影片上傳的時候，外頭溫度是六十六度、下著毛毛細雨。當然，這並沒有傳達出滑板玩家正咬緊牙根、專心投入的態度。要知道這點，我們需要更進一步的處理程序。

光學字符識別、臉部辨識、機器學習、自然語言處理、電腦視覺及神經網路……這些都是人工智慧的子領域，帶領我們在自動化系統中摩拳擦掌地接近一種前所未有的相變。

例如，當那位滑板玩家上傳了照片，而社群媒體取得了其中未經組織結構的數據，如果他們的主機也正在使用臉部辨識軟體，那麼滑板玩家說不定就訓練了那個軟體，讓它把視覺特徵連結到她和朋友的身分上。這意謂著，每次只要有他們臉部在內的照片一經上傳，這家公司或許就能認出他們來，不管照片中是否標註了他們的名字。軟體會有效「認出」她和她的朋友，無論她是否戴帽子或眼鏡，或把頭髮攏到後面。

各種各樣的人工智慧興起與增生擴散，正是隨著大數據興起的直接現象。一旦公司組織開始屯積海量的數據，並輸入超級電腦，那麼人工智慧就從利基研究的領域逐步邁向了未來的戰場，以因應那些聚積了大量數據的公司，如Google、微軟、蘋果、亞馬遜和臉書。

我們必須認知的重點是，就像Uber，這些公司沒有一家擺明宣稱它們是「數據」公司。他們蒐集數據是作為主要服務之外的副業，可是對他們來說，數據的買賣、探勘與詮釋，是他們企業模式的命脈。撇開災難預言家所謂的「機器人夢魘」，沒有人不同意，當前與下一波的科技轉型大潮流必然會重視人工智慧平台。從方便的即時語言翻譯，到反烏托邦式的預測性警務，人工智慧對我們生活的形塑，將是人工智慧的演算法所無法逆料的。

我們的行動電話、電腦和裝置，都同步自動地產出新的資料儲存，供其他人從中提取財富，無論我們是否察覺。計程車載我們從甲地到乙地，這是Uber司機的工作，但他們真正在做的，是供應有關我們的習慣、搭乘路線、模式、好惡的替代性數據，倒進伺服器身上的巨大礦藏之中。大數據激發了越來越強大的機器學習型態，而我們是不是來到這些系統相變的邊緣，即將從嵌套式的腳本（nested script）而穿透到意識內部呢？

無論是螞蟻和細菌的微觀物理，或是數據變「大」的巨觀物理，如今我們周遭的事物都隨著它們的規模縮小或增大，而遵循著完全不同的定律。我們過去所以為的某些事物已經迥然不同了：共乘中心成了一個數據組；午後慢跑所繪製的鮮明路線標示出了秘密軍事基地的輪廓；一張數位照片即使不是同樣大小，看起來卻一模一樣；同一時間點，一隻細菌有可能存在於兩個地方。而或許最奇特的是，從二氧化矽之中……生出智慧。大規模令人驚奇，而事物的因果看起來已然脫勾了。

04

微不足道的暴力

- 無人機
- 長期監控
- 新型態戰爭法則
- 數位攻擊
- 規模不對等
- 網戰
- 數字電台

二〇一三年，我拜訪了紐約的國際攝影中心的藝廊，觀賞它們三年一次的展覽「不一樣的秩序」（*A Different Kind of Order*）。

我信步走進一區後方的藝廊時，撞見了一幅很龐大的影像，看來像是燦爛而霞光四射的日落天際。多種顏色漸層混合在一起，從銅橙色到粉嫩的天藍色。這幀照片的形制很大（幾乎有三英呎×六英呎），但沒有顯而易見的主題，整個都是背景而沒有任何形像。我站在它前面，通身遍布著壯麗的色彩與四射的光芒。沉浸在那輝煌裡幾分鐘之後，我往前走一步看到了它的標題：「無題（收割者無人機），崔佛・帕格倫攝影。」

我離開了那幀照片，那燦爛光輝的影像與帶有惡意的標題之間的落差讓我感到困惑。這時，幾名藝廊參訪者走了過來，他們逼近那幀影像，雙眼銳利掃視著，然後指到了一個點上。我再次走向那照片，這時才發現了很小的一個視覺跡證——那是某個東西的形影——揭曉了照片與標題之間的涵意落差。在薄紗似的一大片色彩中渺茫若失的，是一枚小到不能再小的斑點，它顯然是某個什麼東西吧……而最有可能的，它是一架無人機。

無人機

崔佛・帕格倫有許多攝影作品都帶來視覺上的迷途失焦，而且是刻意為之。帕格倫所受的是政治地理學的正規訓練，他運用了法庭辯論的策略及紀實工具，讓原本看不見的監控網路、隱蔽的操作，還有其他合法、半合法及不合法的政府行為，都成為可見的東西。他的攝影作品讓「官方」地圖的神秘區域裡填進了東西，又捕捉「隱形」基地所反射的閃光，於是記錄下隱蔽不顯的國家網路、操作方式及操作人員的蛛絲馬跡。

然而，帕格倫靠著嚴謹不苟的調查研究，以及無人機偵察員和世界各地激進分子的協助，他所成就的不只

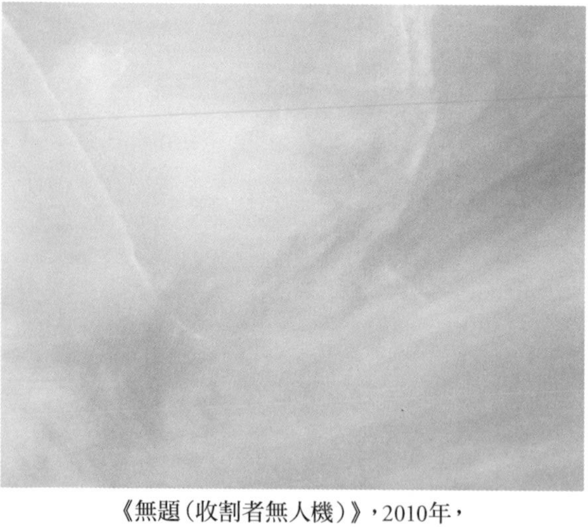

《無題（收割者無人機）》，2010年，
崔佛・帕格倫（Trevor Paglen）攝影。
藝術家與大都會藝廊（紐約）版權所有。

是傑出的新聞報導而已。如今，我們因為這個世界可以無限影像化而對影像抱有著高度擬真細節的期待，但他的影像卻不是用這種手法來揭露事實。他的影像和工作站，反而把我們拖進了一個視覺不確定的空間。

「無題（收割者無人機）」的威力在於，它同時玩弄著知覺及概念的尺度。帕格倫有次接受「美國公民自由聯盟」的賈弗（Jameel Jaffer）有關「監控的美學」的訪問，他形容說，為了呈現一個龐大又無形的系統，尺度扮演著它的角色。

【問】我們這裡曾經展示的一張影像是「猶他數據中心」。據報導，它是用來儲存那些上游蒐集監控所取得的訊息。這座龐然大物的數據中心讓你有了監控規模的這種想法。為了維持這一整個監控機制，所需要的設備規模巨大無比，這一點就是您有意闡述並傳達的嗎？

【答】我運用了幾種方式，企圖指出監控的規模。一方面，猶他數據中心這樣的建築物高聳巨大，並且握有那麼多的訊息，因此它的物質特性便顯示了它們所推動的那些計畫的規模。另一方面，我十分感興趣的一個主題叫「監控式國家的機密代號」，它是一分很長的捲軸式清單，記載了國家安全局多項專案的四千多筆機密代號。分開來看，它們都刻意被弄成不知所云，但若合起來看，我想它們可以讓人一窺監控式國家的規模。[1]

那架無人機或許只是視野中的一個小點，但它又比生命還要巨大。它是一名哨兵、一個指標，指向一個龐大而滴水不漏的戰爭狀態，每個身處其中的人都可以被監看到，而且都可能是某地或某個監控單位的細十字線所瞄準的目標。

帕格倫把巨大與微小放進了同一個畫框，就好像是濃湯裡的一隻蒼蠅、眼中的一個小斑點、鞋裡的一顆小石子，或是走路不小心扭了一下腳那樣，打斷了我們的白日夢。這每一種表現方式中，某個細微的東西都具有特大的影響，跟它本身的大小很不相稱。

渺小的無人機飛在無垠的天空，在比例上倒轉了它那無形的全能力量，持續監控的情況正是如此。對於在阿富汗、巴基斯坦、葉門及類似處於危險地帶的人們而言，那種想窺探他人、甚至窺得天意的焦慮和需求每天都在發生，滲進了身體與心靈。

帕格倫的相機勉勉強強捕捉到的無人機可是無所不能的。它既不在任何地方，卻又無所不在。在我們頭頂的青天，形體大小不再跟能力有關聯了。力量越是小而無形，危險就越全面籠罩，規模已經頭腳倒置了。

過去古典力學的世界訓練我們，在因與果之間，會有一種可預期、符合比例的關係：小的推力造成小的運動，大的推力造成大的運動。但這些古典力學的法則似乎不再站得住腳了，也許我們應該把這種結果稱為「失去比例」，近似「不對稱」的意思。微不足道的東西擁有難以想像的強大力量，而無形之物卻無所不在。威脅，成了永久常駐的狀態。

帕格倫的照片提醒著我們，規模的擾動不定正是在重新調整我們對於動能、力量、大小與可見性的**知覺及概念**。大小或許再也不重要了……但規模還是有影響力的。此外，當那些比例不相稱的關係在戰鬥及監控的領域裡逐漸成形，我們每個人都會面臨更多風險難料之事，還不只是感到麻木或挫折而已。

我們，以及代表我們的政府及非政府組織，正合力透過規模的不對稱來重塑戰爭與暴力。近乎無限增生數據的非物質力量，結合了幾乎一瞬間就環遊整個地球而飛傳訊息的繁複網路，於是規模與力量之間的新關係誕生了。這些改變對於真實的血肉之軀都發生著真實的作用，而我們並不總是察覺得到，因此我們對於那龐大的攻擊仍然不以為意，結果落入了險境。

我們要仔細觀察三個實例，這當中規模的改變轉換了戰爭的條件，並且重新調整了暴力的形態：長期連續不斷的監控，讓我們得以在時間之流中回放又往前；暴力流向了「網路戰爭」的形式，不再以國家為界限，卻一直不斷在我們四周轟炸著；還有數據的利用與濫用，藉由演算法而建立了事先預測，而不是事後回應的治安維護方式。

長期監控

崔佛·帕格倫的照片裡，那架幾乎看不見的無人機所召喚來的「全面戰爭」，同樣清楚呈現在一款新興的科技上。它所應許我們的可不單是視覺上的監看，還能在時間之流中回放又往前，簡直不可思議。[2]

布希總統在位期間，在美國進攻伊拉克最慘澹的那一段日子裡，簡易爆炸裝置（IEDs）對美國的地面調度形成不小的侵擾，非常打擊士氣。當時（二〇〇四年），前美國空軍的一名工程師麥克努（Ross McNutt）是美國空軍科技研究所的講師，他向學生提出挑戰，請他們對這場戰事施以援手。

他和學生發起一項機密代號為「天使之火」（Project Angel Fire）的專案計畫，結合了軍事開發商創立了「廣域視野長期監控航空收繳資產」，將高解析度的相機安裝在軍用飛機的起落架。[3]這個目的是要讓一架飛機持續飛行，以六小時為一個班次，每秒拍下一張高解析度的照片，直到拍完伊拉克的費盧傑（Falluja）全境。

然後，他們將這些影像發送到一座控制中心，將影像編結起來成為一分近乎即時的整體城市景觀記錄。這些記錄歸檔之後，可用於未來的情報蒐集。一旦地面上有簡易爆炸裝置引爆了，分析師就可以倒轉那分影像記錄，回到準確的引爆時間。他們將簡易爆炸裝置的引爆之前、之後的每一秒都拍了下來，可以隨時查詢，因此他們能夠迅速地往前倒回時間點，察看是否有卡車或一群人在同一地點幹些可疑之事。此外，他們還能從可疑行為的時間點再往後觀察，去追蹤肇事嫌疑人離開事故現場之後又去了哪裡。

理論上，他們能夠繼續往下追蹤嫌疑人，直到當下、現在的每一刻。因此這個作法能提供高度可靠的情資給地面部隊或其他戰略單位，以便搜出肇事者——假定這些視覺跡證並不只是間接指向罪行而已。

麥克努後來成立了「長期監控系統」（PPS），這個組織的存在就是因為有三股關鍵性的科技力量在交叉協作，包括高解析度的數位相機、低成本而強大的訊息儲存量，以及高速的電腦運算處理器。就某些意義來說，支援這種監控的基本技術早已存在好幾年了，數十年來，閉路電視的攝影機大量進駐城市以及重要的基礎建設，就像空中偵察機那樣。但如同許多類似的現象，規模上的小小改變可以驟然間催化出強大可畏的新威力。

速度、解析度和訊息儲存量的增長，促成了這種可能性：部隊人員可以藉由一架飛機的六小時飛行期間，持續監控幅員廣達二十五平方哩的城市（比如費盧傑）的每一平方英呎面積。持續監控系統的技術之所以幾乎成為一種超能力，就在於分析師能夠在時間之流中回放又往前，然後進一步推近去看影像中的任何一個時間點。

換言之，這差不多是視覺上的全盤全知了。雖然收到的訊息並不絕對是連續性的（好比說，影像是在一個視框下每一秒被記錄一次，而非每三十秒，這便造成了一種連續動作的錯覺），但這門技術已經逼近了一道門檻：地圖就等於疆域範圍，或說，記錄就等同於真實。

在墨西哥的華雷斯（Juarez），這座城市有著驚人的高謀殺率（每個月有三百宗謀殺案）及綁架案（每星期發生五十二起），每天上演警匪的對峙，搞得天翻地覆。當局運用了麥克努的系統，讓暴力犯罪得到了某種程度的控制。

曾經有幫派分子大白天在一名女警官的車子裡伏擊，並殺害了這名女警。而警方採用了等同「視覺時間旅行」的方式成功逮到了罪犯。更進一步，警方還追蹤了肇事者及幾名共犯的車子，一直跟蹤到他們最後的目的地，在那裡把嫌犯一網打盡（結果破獲了一整個販毒團隊）。

麥克努聲稱，採用他的技術可以降低百分之三十到四十的犯罪率，讓生命與財產得到保護。[4]持續監控系統依靠的是大量數據的轉換率，以及幾乎沒有極限的儲存容量，所以它可不只是提升監控的數量而已。持續監控系統已經造就了質的躍升，進入了時間旅行，以及近乎完美的全知層次。

因此，美國人豈不已經在悄悄提防了嗎？你或許會想，又不是每個人的資訊都在長期監控系統上待價而沽。但儘管持續監控系統的觀測範圍還不至於達到絕對而全面（它無法透視建築物，而且在夜間也不是那麼有效……雖然他們已經開發了等同於夜視功能），但民眾仍不願意讓這個監控系統時時刻刻都俯瞰著公眾生活。

麥克努和他的團隊值得肯定的一點是，他們了解這套系統會導致強硬而不容忽視的後果，因此他們已經把「美國公民自由聯盟」的建議納進了系統的參數：他們不會讓影像可以解析到能夠辨識人臉的地步，而影像的保留時間也會不超過一定長度（雖然無法確定美國軍隊在其他國家是否一樣尊重隱私權）。可是，像這樣的科技往往有它們自己的生命，在我們毫無所覺之際就迂迴地鑽進了我們的生活。

如同帕格倫的照片所見證的，這些監控技術的相對可見或不可見，並非重點所在。它們已經出現了，而且什麼都看得到，而它們時間旅行的威力可是連科幻小說家威爾斯❶都要嫉妒的。

自從資訊時代來臨，科技的改變已經改寫了戰爭法則。國家對國家在物質領土的衝突雖然持續不斷，但越來越多的不對稱衝突已經成為常態，而戰爭條件幾乎每天都在更新。隨著這些改變，操作規模也演變到另一種局面：僅靠單槍匹馬的個人在社會邊緣地帶操控一切，也可以掀起一場巨大的破壞，而這種情況在二十年前、甚至十年前都是無法想像的。

❶ 譯注：威爾斯（Herbert George Wells，1866-1946），英國著名小說家，其科幻小說提出了「時間旅行」的概念，後來成為二十世紀科幻小說的重要主題。

網路間諜、網路恐怖行動和網路資訊戰，如今都成為戰爭形成的條件之一，重要性不亞於槍枝、炸彈、坦克車及軍隊，這導致了不對稱性的提升，也因此，戰略專家每天都得重新構思作戰的法則。

是什麼在重塑因與果的文化物理關係？幾近沒有重量的資訊之流在遍布全球的網路上漫延擴大，等於是創造出另一個平行宇宙，有著自己的一套物理法則和規模效應。而有辦法掌控這些新法則的人，就成了主宰者。

新型態戰爭法則

美國的「國防高等研究計畫署」（DARPA）既然建立了如今所見的網路基礎建設，可以料想得到，網路上處處有他們的蹤影。但在這種情況下，無所不在與規模龐大，並不保證就擁有至高無上的地位，我們稍後會談到這一點。資訊之流的物理學有其自身的法則；Google也一樣，對推動全球的資訊之流盡了一臂之力。然而更驚人的是，以搜尋引擎起家的公司，隨著領土和規模的擴大，竟然演變成全球反暴動的政治玩家。

資訊網路的運作特性使得新類型的行為成為可能，而且出現方式是前所未見的。這些特性包括：資訊幾乎沒有重量；它可以無限複製，成本很低；它可以一瞬間就傳送到全世界任何地方；世界各地可以上網的地點正在急速增加中；而且資訊本身很少留下創製者的痕跡。

換言之，資訊在整個網路上呈現了指數性的大量增生。複製及貼上多行程式碼（這是很基礎的功能，一開始就與命令列的文字編輯器合併在一起）的基本能力，再加上簡單又可執行的運算，讓複製的功能開始自動化，這就已經從根本上造成了網路的爆炸性成長，也成了它內在的弱點。人或機器可以輕易地完美複製一行程式碼、一個檔案或程式，然後將之散播出去（通常還是每秒達數千次），這便重新定位了這種數位基礎設施的影響規模。

分散式阻斷服務（distributed denial of service, DDoS）的攻擊，是電腦程式碼指數性擴增的簡單應用。要癱瘓一個網路服務，分散式阻斷服務的攻擊是一種十分流行、容易取得，而且成本低廉的手法。它讓一名單槍匹馬的操作員，某種程度上可以透過容易複製的電腦程式碼來驅動數量級（orders of magnitude），讓他的行為意向達到成倍增生的效果。

如今，分散式阻斷服務的攻擊簡直是網路上的醜陋現實了。儘管它們相對簡單，但發生的速度快到令人心驚，使用率也不斷增加。分散式阻斷服務的攻擊可以出於任何理由而關閉掉個人、單位組織或公司的網路，時間從幾秒鐘到連續長達幾天或幾週的災難。

要癱瘓一個目標網路伺服器，最基本款的分散式阻斷服務攻擊，就是發出多次沒完沒了的大量資訊請求，導致伺服器無法執行它維持網站開啟與運行的基本工作。這是一種規模式的作戰，而造成的結果是，在分散式阻斷服務的攻擊期間，任何合法試著要進入網站系統的人，無不面臨當機的窘境。

就網路犯罪的標準來看，分散式阻斷服務的攻擊並不複雜，卻一直是成功的招數。它會耗費多少錢？基本款的一日服務收費是三十至七十美元，而一星期的攻擊服務則收費一百五十美元。一組殭屍電腦網路（botnet。這是一種隱密的手法，控制足夠數量的殭屍電腦來發動有效的攻擊）只需花費七百美元；雖然多數的殭屍電腦網路並不在市場上販售，而是由駭客自己動手生產的「工藝」作品。[5]

因此，一個人在地下室操作，花費不到一千美元，就能募得一支無聲又幾近於無形的千人部隊，發起長達一週的攻擊。這種攻擊可以讓一家產值高達十億美元的多國企業體，它最接近大眾的那個部分因此報廢並關閉，幾十萬（甚至百萬）的使用者及消費者都會受到影響。

事實上，這種事已經一而再、再而三地發生了。想像一下，一個人面對著網路，他會有什麼東西可以自由運用，從而掀起這樣一場大騷動？顯然，在這個時代，交戰的條件已經改變，不對稱的規模傾斜得更加嚴重了。

數位攻擊

從二〇一三年開始，Google啟動了「數位攻擊地圖」（Digital Attack Map）。這是一種儀表板，用來追蹤、搜集並以視覺化的方式即時呈現分散式阻斷服務攻擊的流動。[6]依據Google網站所示，網路安全公司「亞柏網路」（Arbor Networks）估計，每天有超過兩千次的分散式阻斷服務的攻擊正在發生中。

數位攻擊地圖運用了以點構成的彩色弧線飛躍過一整幅世界地圖，來呈現這些攻擊的發源地與目標（無論是一國內部的，或是跨境的），以及攻擊型態與攻擊量，讓原本無形而分散式的攻擊大軍變得可視而可見。螢幕下方的長條統計圖，則展示著一段時間以來的資料，縱向掃瞄了過去兩年到目前為止的攻擊波峰與波谷。這個長條圖還可以像電影那樣「播放」，看著地圖上的每一個地方在一段時間之內發生的攻擊巨浪與退潮，彷彿觀賞一場起起落落的即時煙火秀。

值得注意的是，這場秀固然壯觀華麗，但視覺化所呈現的，僅只是頂層百分之二的分散式阻斷服務攻擊。此外，每天的時間軸也附上了當時的頭條新聞，記錄下了那些強硬的攻擊。

網路安全公司「Imperva Incapsula」釋出了一份數據分析，標題是「二〇一五年第二季全球分散式阻斷服務攻擊的威脅樣貌：攻擊類似高級長期威脅（APT）」[7]從數據可知，分散式阻斷服務攻擊的規模有逐漸攀升的趨勢。最高峰出現在二〇一五年的第二季，每秒有兩千五百三十億位元。他們的主要發現有：

> 一方面，我們發現了長時間、複雜又多階段的攻擊，類似於高級長期威脅。這些攻擊運用了不同的手法，而且一次能持續數天、數周，甚至數個月。另一方面，我們注意到大多數簡單型的單一途徑攻擊，通常持續不會超過三十分鐘。

對我們來說，這兩方面對應了分散式阻斷服務攻擊的兩種侵犯者典型：第一種是專業的網路犯罪者；第二種是殭屍電腦網路受雇服務的使用者，這種服務就是所謂的「引導程式服務者」，或

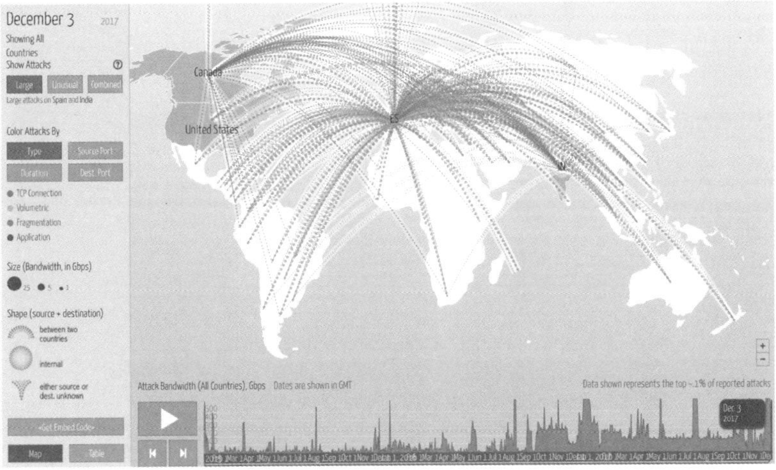

分散式阻斷服務攻擊地圖上的發源地與目標
（Google Ideas與亞柏網路的合作項目）

「壓力測試者」。他們這些以訂閱為主的服務模式，讓任何人只要付上幾十美元，就能夠發動幾次短期的分散式阻斷服務攻擊。

Imperva Incapsula公司的數據讓那些可能受到攻擊的目標企業心驚膽戰，同時該公司也藉此賺了一筆，當然，他們很可能誇大了那些數據，但他們確實把情況描繪得活靈活現。值得關注的是，這種戰術的確唾手可得而且輕易致勝，讓大衛可以擊倒並癱瘓哥利亞。❷

分散式阻斷服務攻擊只是數位違法行為中的一種，其他諸如出版或盜賣數據，以及勒索軟體（鎖住受害人的電腦，直到他繳出贖金以解鎖電腦），帶來的則是更永久的破壞。至於分散式阻斷服務攻擊，它拌住了一家企業的日常運作，但卻很少造成持續性的損害。

網路攻擊的方式五花八門，考驗著攻擊者的匠心巧思，以及作法上的隨機應變。每天毫無例外會發生數千起的網路攻擊，藉由網路而擴大漫延的惡意軟體，讓單槍匹馬的操作者有能耐劇烈衝擊著數位世界。但這些攻擊的主事者卻往往被誤以為是昔日戰爭中的各種調度者形象——強硬而冷血，兇惡而殘酷。

為了更加了解網路犯罪的樣貌，以及某些支援這類惡行的從犯，只需要快速掃一遍各大新聞媒體的標題，便可以顯示這個新世界的輪廓。

- 「十五歲青少年駭進二百五十九家公司遭捕！」（ZDNet新聞網）8
- 「青少年網攻美國政府遭捕！」（NBCnews.com）9
- 「北愛青少年駭進TalkTalk遭捕！」（《紐約時報》）10
- 「兩名少年入侵中情局、美空軍、國健署、索尼、任天堂及太陽報！」（《太陽報》）11
- 「涉嫌以蜥蜴小隊工具進行網攻，六名青少年交保釋放！」（《衛報》）12
- 「駭進中情局長電郵，青少年透露手法。」（《聯網》）13

❷ 譯注：巨人哥利亞是所向披靡的戰士，弱小的大衛自告奮勇與他對戰，並且獲得勝利。該典故見於《舊約聖經》〈撒母耳記〉上第十七章，作為強弱懸殊、以小搏大的寓意。

規模不對等

我們已經進入了一個規模不對稱的新時代，原本應該固若金湯的美國中央情報局局長的電郵帳號，連一名普通的青少年也有能力可以入侵。這些新聞標題只不過是網路上隨手搜到的若干案例，卻加深了一種印象：安全威脅的型態，不再像過去幾世紀以來是國家與國家的對峙，現在加入了單兵作戰的孩子（大多是男孩），在自家地下室操作著尋常可見、現成便利的設備來發動攻擊。

儘管這類事件很多都是青少年駭客的惡作劇鬧過了頭，等同於二十一世紀的新新人類開著「借」來的車子到郊區兜風闖了禍，但這些事件卻有某種性質上的不同。這有部分是因為，他們的行為衝擊力無異於每天都發生數千次的同類攻擊。他們在難以區分的龐大攻擊群裡成為一分子，在我們上網工作、看影片和消磨時間的當下，跨越了整個網路世界而引起騷動。而我們卻一直安之若素，對這些奔忙亂竄的犯罪行動毫無所覺，因為它多半是我們感官所覺察不到的，無聲無聞，無形無跡。

諸如發動汽車時引擎會發出聲音；一輛車子開上道路會留下痕跡；連廢棄車輛上的

指紋也可以是一種痕跡，但是，透過不令人起疑的電腦使用者硬碟，藉用匿名的代理伺服器來啟動一個可執行的檔案，卻不會造成這類顧慮。

從極短時間內的出擊到由國家資助的暗中監探，這些攻擊操作的規模不對稱，以及它們相對來說發生時靜默無聲，都讓我們處於一個新局面，那是幾乎覺察不到卻又長期不止息的網路戰爭。

數位攻擊地圖不過是了解這種活動範圍的方式之一。在中國對美國發動攻擊、在美國對中國發動攻擊、從伊朗攻到美國、從敘利亞攻到以色列、從阿根廷出發去攻擊澳大利亞、從盧森堡出發去攻擊秘魯、從土耳其出發去攻擊香港（還有整個非洲大陸，很不幸在非洲這類攻擊事件幾乎在媒體上一片沉寂，可見他們的戰略及網路的隔絕孤立），這些跨國境的攻擊，構成了一幅難以忘懷的第三次世界大戰圖景。它彷彿終日在我們四周肆虐狂飆，卻極少有人發現——或許只有那些受害者和加害者會發現吧。

然而事件的發生規模正在發出警訊。《紐約時報》在二〇一五年刊載的一篇文章表示：「過去四年來，境外駭客竊取了程式碼，以及美國原油、運水及輸電網的管線藍圖，並滲透到能源部的網站高達一百五十次。針對工業控制系統的攻擊，依據戴爾網路安全組織（Dell Security）的統計，從二〇一三年一月的十六萬三千兩百二十八次，增加到二〇一四年一月的六十七萬五千一百八十六次，多了兩倍不止，這是美國、英國及芬蘭所受到的攻擊之中頻率最高的。[14]一個月之內就有六十七萬五千一百八十六次，這個數字值得我們停下來反思。

這個數字大到讓我們對於這種活動的存有論產生深刻的思索：這是另一種方式的戰爭嗎？這是和平嗎？還照常營業嗎？這是新的常態嗎？它在性質上肯定是一種新局面，來自於網路資訊系統所導致的規模轉變。暗中監視已經好幾世紀以來的事了，但如今呈現的卻不只是這樣。

這種現象所發生的競賽場面可不像傳統戰場那般，是由強大的國家率領強大的軍隊彼此對峙。一如美國前國家安全局局長海登（Michael V. Hayden）所表示的：「儘管對網路型態的珍珠港事件有各種說法，但我並不太擔心有個像中國這樣的仇敵，來對我們的基礎建設造成災難式的破壞……我擔心的攻擊倒是來自那些背棄我們的、低層級的民族國家，因為他們沒什麼可損失的。」[15]

海登忘了，很多這類事件的肇事者並非民族國家的網路玩家，而是在地下串連成群的操作者，他們很少或從未獲得過國家的資助，他們的成員特性和意圖不一而足，從「腳本小子」❸和懷抱特定理念的駭客，到準軍事的機構，以及有組織的犯罪網。

網戰

二〇〇一年，蘭德公司（Rand Corporation）的一份報告《恐怖、犯罪與戰事的未來》（*The Future of Terror, Crime, and Militancy*）中，阿奎拉（John Arquilla）與朗費爾（David Ronfeldt）創造了「網戰」一詞，用來描述這種方式新穎、不對稱、分散而且非國家等級的戰爭型態：

> 「網戰」指的是一種在社會層面逐漸興起的衝突（與犯罪）模式。它不同於傳統的軍事交戰，主事者使用的是網路型態的組織，以及相應的信條、策略，還有合乎資訊時

❸ 譯注：「腳本小子」（script kiddies）指那些自以為「駭客」的初學者。他們自鳴得意，但通常只會使用別人開發的程式來破壞目標系統，自己沒有能力發現系統的漏洞。

代的技術。這些主事者往往是一群組織鬆散的小群體及個人，他們透過網際網路互相聯絡、協調並發起行動，通常沒有準確嚴格的中央指令。

網戰的光譜也包括了新一代的革命者、激進分子和行動派，他們正準備開創資訊時代的意識型態，讓認同與忠誠可以從民族國家轉移到「全球公民社會」的跨國層次。而新型態的行動者，例如入侵電腦的網路破壞分子，則結合了無政府主義及虛無主義，或許也涉足了網戰。許多網戰的行動者（即使不是大多數）是離開國家出走的人，甚至是沒有國家歸屬的人。有些或許是某個國家的代理人，但有些可能會把國家當作**他自己**的代理人。[16]

這一幅速寫所描述的，實際上就是一種組織性的新型英雄聯盟。它四處流動又分散各處，而且可以快速地集結成隊，就像一塊經過相變而成為黏液的固體。那些傳統上熟悉的國家和國家之間的對抗，無論好壞都已蛻變成有如水銀一般的無領導模式。它逃出了我們的掌握，卻能自己重新集結為無窮無盡的組合形態。

數據的威力帶來了真正的傷害，令我們目眩神迷、困惑不已，這點無須訝異。但如同前文所言，感官經驗終於被量化成一堆數據，體現了它本身的暴力形態。

數字電台

藝術家歐伯戴克夫婦（Keith and Mendi Obadike）透過數字的寂靜誘惑力吸引我們，邀請觀眾步入數據與感官經驗之間的裂口，然後粉碎了「數量」的冷酷外觀。他們的現場藝術行動作品「數字電台—鬼祟行為」（*Numbers Station*，*Furtive Movements*）❹於二〇一五年在紐約的萊恩・李藝廊（Ryan Lee Gallery）首次登場。這個作品讓我們驚訝的發現：當活生生的事件被化約成一堆數字，那種混雜的變質如何完整而忠實地被呈現出來。[17]

---

❹ 譯注：「數字電台」是一種不明發射來源的短波電台，通常持續播送數位、字母、脈波聲調或摩斯電碼。英文、中文、俄文、西班牙文等語言的數位電台都曾經出現過。有人認為，此類電台是用來傳遞間諜的資訊，但是此說並未得到任何國家的承認。

那次作品的演出由藝術家夫婦二人坐在兩張併起來的桌子對面，兩個人都戴上耳機對著麥克風說話。他們交替念誦著短短的數字串，為時二十五分鐘。同時，他們的聲音又在藝廊裡透過短波無線電而廣播出去：〇四八，二七六，〇四九，三九四，〇五〇，三六六，〇五二，三〇八，〇六〇，四二五，〇六一，二〇三，〇六二，一〇〇，〇六三，三五七……。[18]他們以夾帶著氣聲、缺乏抑揚頓挫的聲調，以及機械性來回的方式念誦這些數字（伴隨著作為背景的詭異音樂），模仿著數位電台。

在此容我說明一下：「數字電台」是一種常態性的短波無線電廣播，最早的起源可以上溯至第一次世界大戰。數字電台有如謎一般神秘難解，它們的特色就是念誦著數字列表，有人認為那是政府用密碼來傳遞訊息，給我方某個領域的地下工作者。後來，有一群熱衷短波無線電的熱心人士形成了一種活躍的次文化，他們追蹤並錄下這些神秘兮兮的廣播。

然而，歐伯戴克夫婦念的卻是匿名的案件號碼，這些號碼來自警方的事件紀錄簿。這個在紐約引發爭議的警方治安策略網絡稱為「停步盤察」（stop-and-frisk），被這個政策所攔下的人們都被登記在案。這個維護治安的手段是為了防範「鬼祟行為」的發生（從二〇〇二執行到二〇一六年，直到施拉・仙林 [Shira Scheindlin] 法官裁定它違法），在事發前先行制止有可能情節嚴重的犯罪行為。但事實上，在那幾年間，它對於降低犯罪的影響力頂多就是一丁點；而對於它所針對施行的目標社區，影響卻難以估計。

紐約的美國公民自由聯盟對數據作了分析，他們發現二〇〇一年所執行的六十八萬五千七百二十四次停步盤察之中，有百分之五十二是非裔美國人，百分之三十四是西班牙人，百分之五十一是十四到二十一歲的人，而被攔下的人有百分之八十八並未遭到逮捕。在這十五年間，有超過五百萬的無辜紐約客遭到攔查，而他們多半是年輕的有色人種。

歐伯戴克夫婦的表演令人昏昏欲睡，然而其中徘徊不去的是眾多生命在體制性的種族歧視與暴力中所受到的打擊。他們扁平空洞、刻意矯造的發聲方式，讓我們注意到化約成數據是多麼的可憎。人們被化約成三位數的案件編號，五百萬的生命被一道政策改變了樣貌，而我們許多人卻因為膚色無礙而忽略了這項政策。

我們往往以為數據是中立而無害的，以為它不過就是個微小事實，存在於以太的某處，就像水、煤或鈾礦一樣。但是，從經驗轉到資訊的相變過程中，我們經常忽略了那種暴力已然急速造成了變質。

歐伯戴克夫婦對統計數據作了逆向工程，把破碎生命的質地重新注入了每一個細小位元的數據之中，讓我們聽見了暴力的聲音。

門迪與凱思·歐伯戴克，《數字電台—鬼祟行為》。
歐伯戴克工作室攝影

05

數字麻木

- 巨大的數目
- 將無從想像化為可能
- 回歸日常情境
- 這本書有一百萬點

原來，「billion」這個字眼，並非在每個地方都是指十億。晚近至七〇年代以前，像美國與大不列顛這些在歷史、傳統及貿易方面深具關聯的國家，對於billion是多少，有著根本不同的算法。[1]儘管對這個數字實際上究竟有多大，每個國家的主張天差地遠，但我們似乎一直都在避免因此而產生的重大國際衝突，或許這便見證了billion不折不扣的巨大規模吧。

你我都可能認為，這個數字就是大到除了數學以外很少有什麼實際用途。但事實上，直到近年為止，billion還是被用來描述物質世界中我們有可能遇到的、計算得到的大多數事物。而今，我們的經濟體膨脹到了一個地步，「trillion」（兆）已經是必要的日常用語了。

一九七四年以前，大布列顛的子民還謹守著長進位制，billion等於一百萬個一百萬。這下隨便一個美國讀者都會馬上發覺這數字不對，而且是錯得離譜。[2]美國依據的是短進位制，billion是一千個一百萬，而trillion則是一千個十億，依此類推。因此，短進位制的billion比起長進位制的小了一千倍；而短進位制的trillion比起長進位制的小了一百萬倍（長進位制的trillion，等於短進位制之下一百萬的三次方）。

如果我們把鏡頭拉遠去看其他國家，會發現事情變得更複雜了，無論是所使用的計數制、或在語言的翻譯上皆然。澳洲、巴西、香港、肯亞及美國都使用短進位制，阿根廷、德國、伊朗、委內瑞拉、塞內加爾則使用長進位制，還有一些國家（如加拿大、南非及波多黎哥）甚至兩制並行。[3]

印度的計數制在分隔位數時有不同的方式，三位數之後會用一個逗點來隔開數字，然後是每兩個位數就加上逗點。例如，阿拉伯數字「100,000」在印度（或吠陀）制裡就寫成「1,00,000」。同理，阿拉伯數字「123,456,789」在吠陀制裡就寫成「12,34,56,789」。用另一種更語言學取向的角度來比較阿拉伯及印度的計數制就知道，對吠陀制而言，重要的數字群不是千、百萬及十億，反而是一百個千（lakh）及十個百萬（crore）。[4]

這種全球各地的差異也見於中國和其他國家。以中國為例，中國人會用到多達三種不同的計數制，端視使用的脈絡而定。

巨大的數目

最近《BBC新聞雜誌》有一篇文章標題就問道，「一兆是新的十億嗎？」用意是要由英國大報來澄清一兆到底是多少，可見這種事到了二〇一一年仍然有必要（以避免單純的語義錯誤，而造成上千倍的誤算），由此可見，誤解到處都在。由於這種誤解實在太常見了，因此《BBC新聞雜誌》在版面邊欄放了一條短短的註腳，向英國讀者解釋億和兆究竟是多少。[5]

「兆」這個概念固然在日常語彙中越來越常冒出來，但事實並非如此。對於一輩子的大部分時光在二十世紀度過的世代而言，「兆」實在罕見。如今，同樣罕見

		SHORT SCALE	LONG SCALE
10^0	1	one	one
10^1	10	ten	ten
10^2	100	hundred	hundred
10^3	1000	thousand	thousand
10^6	1,000,000	million	million
10^9	1,000,000,000	billion	thousand million
10^{12}	1,000,000,000,000	trillion	billion
10^{15}	1,000,000,000,000,000	quadrillion	thousand billion
10^{18}	1,000,000,000,000,000,000	quintillion	trillion

短長進位制比較表

的是「quadrillion」（一百萬的四次方）。你可以問問自己：上次使用到這個字是什麼時候？有可能從來沒用過吧。

十億、一兆這樣的數量，很可能會對認知造成挑戰。儘管事實上大部分青少年都能掌握到這個數學概念，因為通常在數學課上，學生為了學習科學標記而必須理解這個。如同「物理常數」在度量衡學裡的發展，度量衡逐漸脫離了我們可以掌握或碰觸到的事物，而幾十億、幾兆這些數字也越來越**遠離了人的知覺和經驗**。人可以在大約十二天之內數到一百萬，在約三十二年之內數到十億，但數到一兆卻要花費三萬一千年以上的時間，那差不多是整個人類文明的長度了，這就意謂著人無法做到這件事。

這些超級巨大的數字很重要，不過某方面來看，又不是那麼重要。[6]它們脫離了我們的日常知覺經驗，表示對我們大多數人而言，它們是處在一個空想世界，處在一個恆河沙數、龐大無計的領域。[7]對於越來越常出現在日常詞彙裡的這些數字，我們不得不靠著暗喻、類比和飛躍的想像，才能得知它們的範圍和規模有多大。

有一段經常被引用的文字，據稱是史達林的名言：「一個人的死是悲劇，幾百萬人的死則是統計數據。」我們對於一個人的苦難可以非常動容，但面對幾十萬或幾百萬人的死亡時卻無動於衷？為什麼那股義憤與悲憐並沒有呈線性地等比提高？死亡數量躍升的時候，為什麼情感的投入反而降低了？

龐大的數字原本有一種令人麻木的特質。[8]傳達單一個人苦難的那些故事與影像引發了我們的不良情緒，不過，如果那數量比兩個、三個還要多得多，我們似乎就關機了。一旦無法再現龐大的死亡人數，在某方面我們消化這種損失的能力就會下降。我們必須不時被提醒「永誌不忘」各種族群的大屠殺，彷彿我們的情感功能不願跟龐大的死亡人數近身搏鬥似的。

日常生活中，我們對於那些一閃而過、抽象而不具體的大量資訊，是怎麼將其放進相應的脈絡，進而去認識的呢？幾兆的軍事預算、二〇一八年美國的三百四十次槍枝掃射、或者是二〇一六年總統及國會的競選造勢活動花費了超過六十．五億美元[9]……關鍵就在於形成一種策略，讓我們的身體與感官可以重新連結到這些抽象經驗，幫助我們的生活更加調適於那些很小及很大的數字，但又不會在過程中因為它們而變得癱瘓麻木。

將無從想像化為可能

當代的趨勢對於眼前世界的巨大規模逐漸感到麻木不仁，而底下這四項專案各自採用了不一樣的方法，每一種都是創造性的回應，試圖讓我們重新連結到感官線索，讓我們的理解力可以呼應脫韁而出的龐大難題規模。

它們運用了諸如**轉譯**、**具象化**之類的技術手法，讓符合人性、感知性的存在感，回到那些無從想像的情

大衛·麥坎德勒斯，「十億元圖表」。
「資訊真漂亮」網站（McCandless@informtionisbeautiful.net）版權所有

境。而且，雖然它們大部分源於工藝領域，卻不表示它們無法呼應我們日常生活的脈絡。我們從這些醒目又不尋常的策略之中，可以汲取經驗來想像新的辦法，把那些無從想像的情境化為可能。

例如，設計師麥坎德勒斯（David McCandless）就在他經營的網站「資訊真漂亮」中，運用了資訊設計的技術來回應當代政治、社會及科學的各種議題。[10]麥坎德勒斯一向為著媒體上此起彼落的數字規模而感到困擾，二〇〇九年，他創作了一種巧妙的視覺表現（並於二〇一三年更新），他稱之為「十億元圖表」。

這個簡單的圖表由幾塊長方形拼接起來，色彩繽紛可愛，將十億美元以上的各種社會計畫或專案並列在一起，幫助我們看出它們之間花費的相對高低。設計師的巧思，就體現在圖表中相鄰磚形圖的微妙排列方式。（下列數字以十億美元為單位）

- 防範全球愛滋病計畫的支出（六百四十億），列在華爾街二〇〇九年收入（三千七百一十億）的旁邊。
- 石油輸出國組織的年收入（七千八百億），遠超過「十億人脫貧」計畫所估計的花費（三千億）。

- 全球藥物買賣的收入（八千兩百五十億），超過了美國醫療保險與補助的合計支出（七千四百二十億）。
- 全球色情產業的累計產值（四百億），比起抗憂鬱劑（一百九十億）加上治療勃起困難（六十億）的市場收入，還多出一大截。

不過，這張圖表裡最大的一塊長方形，也就是全球金融危機的損失金額（十一兆九千億），看起來是雄霸了所有市場與支出的龐大累積。我們或許無法就具體數字充分理解十一兆九千億究竟是多少，但從視覺上我們可以輕易判斷，相較於「幫助發展中國家對抗氣候變遷」的花費（一千四百七十億），那筆錢是巨大到多麼荒唐的地步。

至於有關全球優先性的辛酸諷刺，在圖表中變得一清二楚了。麥坎德勒斯把類似的事物並排在一起，將它們匯集為單一的框框。這些磚形圖把龐大的東西轉譯成為符合人性的規模，可以說，就是把數字變成觸手可及的東西。

麥坎德勒斯的作法之所以有獨特的效果，正是因為轉譯所採取的具體方式。他建立了諸如**攻打**、**資助**、**賺取及損失**等範疇、把數字擬人化之後納入了一套框架，模擬著我們自己的花費開銷及積攢金錢。轉譯讓這些抽象的東西如同我們自己的行為那樣淺顯易懂，甚至更為呼應著日常平凡的情境。

回歸日常情境

想想買房子的經驗，我們往往會遇到買家驟然之間大手筆撒出了一筆數目，彷彿他們沒把幾個零頭放在眼裡似的，而花錢的規模大到讓我們開始思考：「嗯，在這麼大規模的購物計畫上，八萬五千元與九萬五千元有什麼差別？」一開始，我們可能還只能想像八十五元與九十五元的差別，但當一萬元的差額被轉譯為可替代的、有意義的單位（如社區大學的課程、學生貸款減免、出國旅行、拜訪朋友，或是幾星期的食品雜貨）之後，那些數字便扎扎實實意謂著某種日常經驗所能掌握的事物。於是，我們就可以決定，那棟比較別緻的新房子，是否值得我們失去社區大學四個學期的課程；或者，在酷寒的冬季來個五次熱帶旅行？

隨著數字按比例爬升，那幾乎就像相變一樣，從真實具體轉換為抽象難懂。而我們的任務就是要把它們扭轉過來，回歸到日常經驗中能看出差別的單位上。我們會發現，轉譯的過程令人驚異，在左頁喬登（Chris Jordan）的作品「數大不是美」（*Running the Numbers*）裡也是如此。

這幅作品中，他重現了不可捉摸的全球氣候變遷，將之轉換為一種我們可以名副其實一手掌握的東西：塑膠飲料罐。

如果百萬人的死亡只個是統計數字，那麼對於四百年的奴隸制度及不平等，我們有沒有辦法更充分地掌握其源流，以及它對美國經驗的長期影響？[11]

藝術家沃克（Kara Walker）設計了一尊女性的人面獅身像，高三十五呎，長七十五呎，全身散發著甜香，在微光的照耀下威嚴地蹲踞在一座廢棄的糖廠。這座糖廠牆上還淌著糖蜜，而一些大尺寸的糖製娃娃（用麥芽糖漿模造的），就站在這尊堂皇卻又坦胸

上圖：《塑膠罐》，2007年，收錄於「數大不是美：美國人的自我寫照」系列作品（2006年至今），克里斯·喬登作品。描繪兩百萬個塑膠飲料罐，這是美國（2007年）每五分鐘所用掉的數量。

下圖：《塑膠罐》，細部。克里斯·喬登作品，2007年。

露乳的人面獅身女旁邊。

二〇一四年，這尊彷彿用精煉的糖製成的宏偉巨像，進駐了紐約市的布魯克林區這座頹敗、氣味陳腐、位於東河河岸邊的多明諾（Domino）糖廠。沃克這件作品是個龐然巨物，而她給了一個很長的題名，呼應著設置作品的野心：**「妙論糖，又名非凡驚奇糖寶寶，獻給那些沒有工資、工作過勞的匠人。這些人在多明諾煉糖工坊衰敗勢微之際，從甘蔗園來到這個新世界的竈廚之間，精煉了我們的甜味體**

《妙論糖，又名「非凡驚奇糖寶寶」，獻給那些沒有工資、工作過勞的匠人。這些人在多明諾煉糖工坊衰敗勢微之際，從甘蔗園來到新世界的竈廚之間，精煉了我們的甜味體驗》，卡拉·沃克，2014年。聚苯乙烯、糖，將近35.5×26×75.5英呎（10.8×7.9×23公尺）。裝置地：多明諾煉糖廠。2014年紐約市布魯克林區，創意時代專案。照片：傑森·威赫（Jason Wyche）攝。卡拉·沃克，紐約西克瑪·堅金斯（Sikkema Jenkins）藝廊提供。

驗。」❶官能的沉浸加上概念的弔詭，兩者交融在一起，讓這個題名產生了不可思議的效果。

沃克這座香甜的巨像從堆疊成山的白糖之中發出光芒，誇示著我們永垂不朽的文化理想。甜美與苦澀、深棕（糖蜜）與亮白（糖）、種族刻板印象與崇高堂皇的雕塑、微言妙義與浮誇、肉體與母性、馴順居家與超落凡俗，這座小小塑像造得高大又厚實，不肯安於單調一元的敘事。

沃克利用了一款前現代的精緻糖食「妙論糖」作為原型，然後把它擴增到龐大的尺寸。不消說，糖是帶著苦澀秘密的甜物，因為製糖產業就建立在西印度群島那群壓駝了背的奴隸身上。如今，糖的廉價與大量毒害了現代人，導致了到處可見的肥胖，而肥胖卻不合比例地集中在有色人種的貧窮社區。

❶ 譯注：妙論糖（subtlety）又有soteltie、sotelty、soteltee、suttlety等名稱。這是一種造型奇巧可愛的糖食，通常由廚子或甜點師傅製作，流行於中世紀的上層貴族家庭。端上這種糖食，意謂著用餐完畢，清談妙論的時間到了。談話時必須展示一語雙關、或俏皮或尖刻、或一針見血評述時事的語言能力。

沃克把一個又小又平凡的糖食轉換成一座高聳巨物，反映著種族、種族歧視與帝國大廈，激發我們重新面對被這個大帝國工業踩在腳下的恐懼。我們對於「非凡驚奇糖寶寶」的尺寸比例感到身體上的不適應，呼應了奴隸買賣中遭到犧牲的數百萬條生命；就是這些買賣交易發動了旅程，從黑糖甘蔗邁向我們餐桌上的白糖。血液的辛酸痛苦混合著甜味，就好像嫌惡跟敬畏也被混合在一起。

四百年來的不平等是個統計數字，而非凡驚奇糖寶寶的超乎比例的尺寸及感官呈現，卻讓這一段故事再次觸動了時代的人心。

沃克運用脈絡與手法，將悲劇故事轉化為糖。她選取了一件過去歷史上及統計上的事實呈現給我們的感官。她以具象化的手法對抗那股抽象而不具體的洪流。她的作法是藉用場所特有的氣味，在洞穴般深廣的庫房裡打上微弱的燈光，以及塑造出來的巨大妙論糖。我們在巍然的形體面前顯得渺小，而渺小使得我們謙卑。

如果度量衡制度及抽象空洞使得我們的理解正一點一滴地漂移，脫離了人性和具體肉身的感知，那麼，沃克的作品則為我們指出了另一條前進的路徑：我們必須**讓統計數**

字與抽象空洞的概念，納進活生生的具象經驗之中。

這本書有一百萬點

我們藉由自己所建置的系統和反覆積累的慣習，驚人地讓全球性的難題「消失不見」了。我們察覺不到夏季的氣溫上升，因為建築中裝有暖氣和空調，讓我們的感官不太能接觸到真實的氣候。但如果我們逐漸讓夏季建築物的溫度隨著全球暖化而一點一點推高，我們或許就能透過細微的感官知覺而注意到，人類的行為一直共同影響著氣候。

事實上，這就是日本政府於二〇〇五年所倡議的：在夏季把空調的自動調溫器從華氏七十七度調高到八十二度，並鼓勵男性放棄傳統的西裝及領帶，改穿短袖襯衫。如今，在日本政府單位的辦公室，中午一小時會將燈光調暗，以提醒人們必須對抗全球的環境變遷。[12]這個策略的目標就是對員工的感官給予提醒，指向並準備要對抗那幾近無形而漂向大毀滅的未來。

如果我們希望那些由我們選出的民意代表可以了解到，國防預算的增加跟聯邦政府的教育投資不足之間有反向的關係，或許我們應該趁著熱浪來襲，邀請這些政客到某間經費不足、熱到令人喘不過氣的公立學校來工作一天。這些學校裝不起空調——而且直接影響學生的學習及創造力——或許可以驟然之間讓美國國防預算上看兆元的那種可惡和可憎，變得更加地具體可感。

或者，走一趟伺服器農場或Amazon的零售配送中心，也許有助於我們看清，這個「沒有重量」及「順暢流動」的網路經濟體，如果沒有大批投入工業年代的原料，是根本無法存活的。

即使是環衛工人罷工所帶來的意外阻礙，也有助於我們站在適當角度來看待自己的過度消費。這些罷工行動揭露了我們的廢棄物處理流程是多麼駭人，並迫使我們認真去想像：跟自己的一次性廢棄物住在一起超過好幾天，會是什麼情況。這時，我們就得重新思考，讓垃圾「消失不見」、並且拿到眼不見為淨的地方去處理，代價是什麼。我想，這一切若持續一兩個月，對於感知將會是一種強而有力的提醒，督促著我們把廢棄物的製造降到最低。

這每一種策略都讓抽象的規模轉變為可見並可觸，即使有些策略是藉由讓人不舒服的方式而達成這一點。不過，我們對於氣候變遷、制度性的不平等和崩壞的體制，難道不該感到不舒服嗎？或許我們實在有必要感受到這些，而不只是把它們當作知性認識的對象。至於生活經驗那股抽象無形、不再具體的流向，如果走往一與零，那麼，我們能找到什麼方法來與之對抗呢？

亨德里克・赫茲伯格（Hendrik Hertzberg）出版了一本書，書裡內容是一百萬個點（每頁五千個點，共兩百頁），他為什麼這麼做？他想讓我們體驗**某種東西**的百萬之數。[13]把某種東西的百萬之數賦以形體，並置於掌上，可以幫助我們掌握那種數量級別的沉重迫切感。

對於我們的生活經驗真正產生衝擊的事物規模——例如軍事預算、空氣中的污染物、總體的學生貸款、種族滅絕造成的生命損失、城市裡的謀殺凶手、全球氣溫升高、執行長的薪水——往往超出了我們的理解範圍，讓我們就像面對著一團霧氣，看也看不透。我們迷失了方向，瞎摸著想要抓到從指縫中溜走的那些概念。

可以說，我們在尋找某種深刻真理時，就像沉沒於一團迷霧之中，而且充滿了驚懼，唯恐抓不到任何一點實質可靠的東西。因此，我們需要一些策略——例如轉譯與具象化——來讓這些數字脫離計量式的抽象無感，回歸人性的感知中樞。在玄奧迷幻、無從想像的龐大無垠之中，我們終於體驗到，故事與形象可以作為接引回歸的橋樑。

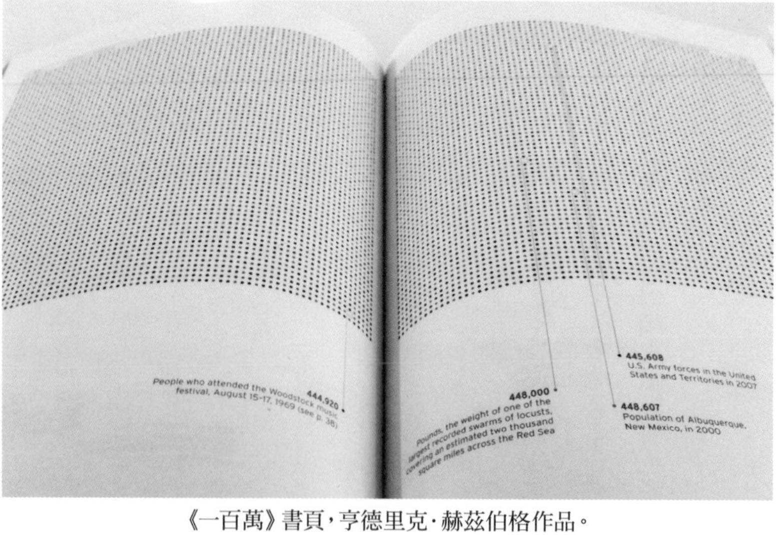

《一百萬》書頁，亨德里克・赫茲伯格作品。

06

按比例縮放視域

- 十之乘冪
- 新視野
- 縮放框架
- 單車通勤
- 層級思考

下頁的照片在官方稱為「AS17-148-22727」，這個平板無趣的題名指的是一張劃時代的影像。阿波羅十七號任務的機員，於一九七二年十二月七日拍下了這張具有標竿意義的影像。[1]自此以後，它深深烙印在大眾的視覺想像之中。

這張照片俗稱「寶藍石」，它的澄澈與單純無瑕令人眼睛為之一亮：地球，這顆扁圓的行星被化約成一個平面的、幾近完美的圓形，四周無所依傍地襯著一片漆黑的背景，或說虛空。淡紅色的大陸板塊從泡沫般的白雲漩渦底下顯露出來，而南極大冰層則從地球底部探出頭來。這張照片刊登出來之後，環保運動幾乎是立刻就加以採用，並廣為流傳於海報及各種刊物。這張照片莊嚴地結合了優美與秀弱的特質，無疑讓所有的讀者都受到了感動。

就視覺角度來看，過去一度在圖像背景中屬於最後方——也就是地球表面——的東西，快門一按之後，倏然變成了可以望見的形體（而背後襯著宇宙）。幾世紀以來，我們固然知道自己身處一個圓球形的行星，但直到此刻我們才從一個令人吃驚的、全知的優越視角回頭望見了自己，以及真正的物理界限。

藉由這張照片，這個世界——也就是我們的一切——變得可以讓人認識，視覺上也成為可見之物。背景成了形體，無限也變成了有限。可以說，我們把整個世界縮小到雙掌之中。但是，我們並未因為這種全知視角而讓自己像個上帝一樣，反倒更受限於這個圓球狀的寶物。

我們的視覺框架受到了這一番外擴與轉化，從受限於地球而直達外太空，於是在同個時代，另一部視覺神作《十之乘冪》（*Powers of Ten*）便應運而生。

或許你有機會見到這部二十世紀的設計傑作，是在中學時期的自然課或數學課上；無論你認得出那是一部偉大的設計影片，或者你只是把它當作課堂上一小段偷閒時光，藉以逃離老師做的枯燥教案。

〈AS17-148-22727〉，又名「寶藍石」，
美國航空暨太空總署。

就像迪士尼的《唐老鴨漫遊數學奇境》（*Donald in Mathmagic Land*），查爾斯與蕾伊・伊姆斯夫婦（Charles and Ray Eames）這部九分鐘的影片成了二十世紀後半期美國公立學校課程的必備教材，讓學生的注意力得以從素灰一片的課本習題、小測驗和沒完沒了的作業中稍微喘息，而岔往一部簡短而令人目眩神馳的彩色影片。

伊姆斯這一對夫妻檔設計過大多數人想像得到的設計產品，包括椅子、餐桌、房屋、海報、玩具、書本等。但他們與眾不同之處不只是作品出色又雅俗共賞，更在於他們視野的原創性。他們不拘一格的設計始於一九四〇年代，一路聲勢洶洶至一九七〇年代晚期，內容不只是物件，還有影片、報導、展覽與體驗。伊姆斯夫婦不僅是卓然有成的形式創造者，還運用了多元的天賦來觸發不一樣的思考和視覺體驗。他們所製作的十多部影片中表現出來的敏銳觀察、型態結構與日常之美，都成了很棒的示範。

「柏油」（*Blacktop*）這部作品攝於一九五二年，是一段十一分鐘的冥思，影片裡只有肥皂水流過學校遊戲場上的柏油，此外再無其他。影片配上了巴哈的《郭德堡變奏曲》，令人陶醉出神的步調、不間斷地注視著水流，迫使觀眾去發現韻律、型態、姿態動作、流動，而說到底，它要呈現的就是我們最容易視若無睹，關於事物的內蘊之美。

他們一九五七年的影片《玩具火車的觸技曲》（*Toccata for Toy Trains*），則是由好萊塢的傳奇作曲家伯恩斯坦（Elmer Bernstein）譜曲。片中是玩具和小火車熙來攘往所組成的小小世界，在縮小比例的人造景觀中構成了一個奔忙村莊生活的幻境。

攝影機的鏡頭被固定在火車軌道的等高處，景深調得很淺，讓觀眾以玩具本身的比例而沉浸在這片景物之中。查爾斯．伊姆斯念誦了兩分鐘的介紹語，思索著忠於具象物體有何價值、玩具的關鍵意義，以及比例模型與玩具火車的內在差異。這支影片全長十三分鐘，而此後的十一分鐘就是火車本身，以及它們所構成的幻境，同時伴隨著伯恩斯坦的歡快音樂，此外就沒有其他的東西了。

十之乘冪

伊姆斯夫婦有好幾部影片的主題都是透過敏銳的觀察，聚焦於瞬時而逝的事物，訓練著我們的雙眼，鼓勵我們思考那些被人視而不見、遭到低估、隱藏於平凡日常中的事物。《十之乘冪》或許是他們最具代表性的影片，帶我們進入一趟目眩神馳的旅程，同時建立了一個具有開創性的架構，讓人循著尺度和比例進一步思考。

這部影片本身是一場幾乎流暢無礙的形式練習。它讓人驚呼連連，平順無縫地跨越時間及空間，使我們很容易忘了那表面下有著沉重的概念支撐。《十之乘冪》的副標題是：「這部影片是關於宇宙中萬事萬物的相對大小……以及再增加一個零的結果，原為IBM公司製作。」影片本身的靈感來自一九五七年柏克（Kees Boeke）的著作《宇宙視角：跨越天地四十步》（*Cosmic View: The Universe in 40 Jumps*）。[2]

影片一開始，由切分音式的電子音符組成的配樂（同樣是伯恩斯坦的創作）帶領觀眾進入簡短的標題，同時，影片旁白者莫里森（Philip Morrison）簡介了這部影片所運用的方法：「十月初的某一天。芝加哥湖邊的野餐揭開了慵懶的午後。我們會先看到一個一公尺寬的場景，這是站在一公尺外的距離來看的。接下來，每十秒我們會站在十倍外的距離，我們的視野會拉到十倍之廣。」

影片的第一個畫面是一對男女閒躺在草坪上的毯子，但隨著旁白加入，攝影機開始移往他們的上方，懸掛在空中，成了一個鳥瞰或平面圖的視角。隨著攝影機逐漸拉升，簡單的格線圖框開始顯示出比例的變換。一個十公尺寬的正方形格線就像畫出草地野餐男女周圍的界限，也框住了我們的視野，提供了第一道參考框架。

這支影片巧妙構築了一個三維空間，由十立方公尺的距離形成了觀看的基礎。在十的第一個次方，畫面的主體一目瞭然：晴朗的日子裡，一對男女閒躺在野餐毯上。起初，這兩個人填滿了畫框，不過慢慢地，隨著攝影機往上拉升到天空，他們縮成相對的大小了。

「畫面以兩名野餐客為中心拉遠，即使已經看不見他們了，鏡頭仍然繼續拉遠。……一百公尺寬，」莫里森的

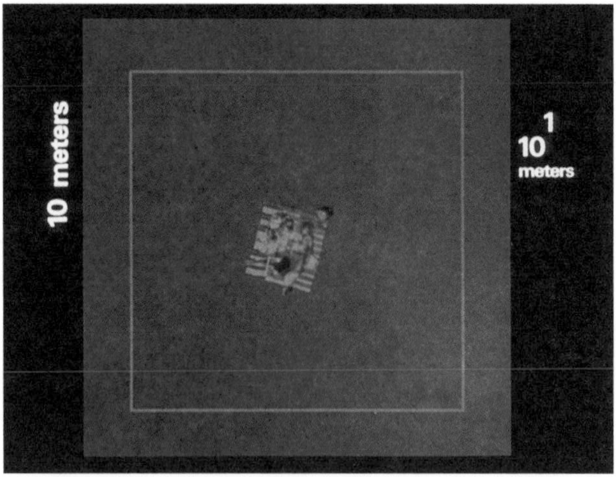

《十之乘冪》（1977）影片定格，查爾斯與蕾伊・伊姆斯製作。
1977、2020伊姆斯辦公室暨責任有限公司（eamesoffice.com）版權所有。

聲音說：「這是人可以十秒鐘跑完的距離。」攝影機持續拉遠，「這個方形是一公里寬了……我們看到了湖岸的大城市。」攝影機繼續上升，彷彿被一架外來的太空船拖拉著。它全速遠離了野餐客，當我們到了十的七次方，便來到了一個值得驚歎的時刻：「我們能看見整個地球了！」

很快地，急促的旁白和逐漸拉遠的攝影機來到最頂峰，十的二十四次方，地球

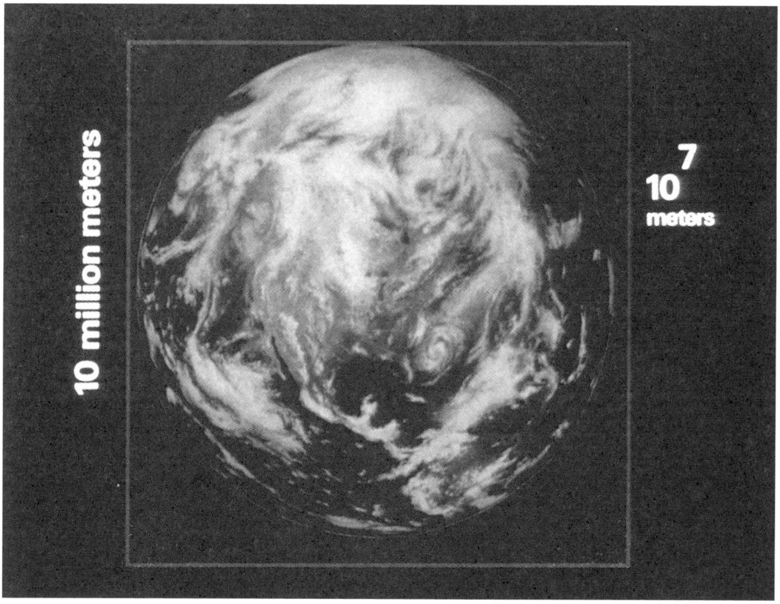

《十之乘冪》（1977）影片定格，查爾斯與蕾伊．伊姆斯製作。
1977、2020伊姆斯辦公室暨責任有限公司版權所有。

在浩瀚無垠的宇宙中已經縮成一個小點。

由這秒開始，攝影機往回迅速拉近，落回那對男女。不再是每十秒的節奏，而是每兩秒就往回倒轉十的一次方，最後畫面暫停在斜躺的兩人身上，他們依然在野餐毯子上歇息。接著，攝影機表演起下一項把戲：由男子放在腹部的手背開始，以十的一次方來拉近，來到顯微鏡的層次。

攝影機奇跡似地深深探進皮膚，再由皮膚進入細胞、分子、甚至原子的層次，最後的終點是十的負十六次方。影片從十的負十四次方滑進十的負十六次方時，旁白者承認我們已經來到知識的極限。「一顆質子塞滿螢幕時，我們已經觸碰到了目前人類理解力的邊緣。這幾顆夸克正在緊密互動著嗎？」

《十之乘冪》不僅是一場概念的驚奇之旅，還是一部令人目瞪口呆的科技動畫。在一九七七年那個時代，伊姆斯夫婦還沒有現代電腦特效可以運用，他們是藉助了各種不同的學科背景才製作了這部影片。它十分有力地重塑了我們對於數字的理解；又把宇宙最遙遠的地平線，一直到構成我們可知世界的最細微之處，從頭到尾串成了一條線。

菲利普與菲力斯・莫里森（Philip and Phylis Morrison）是伊姆斯夫婦寫書及拍影片的合作者，他們為這次計畫專案投入了自身擅長的學科專業：菲利普是麻省理工學院的物理學與天文學教授，而菲力斯的工作則是對孩童及教師傳授科學與藝術。

從兩名野餐客到芝加哥城、到整個地球、到夸克及我們的認知極限，伊姆斯夫婦的《十之乘冪》帶著我們上路，持續地重塑著我們的觀察立足點。那些沒有機會看到《十之乘冪》的人，幸虧還有無處不在的數位導航應用程式，但這些東西形成的眼界，就只能停滯在我們的日常生活體驗之中。

二〇〇五年問世的Google地圖，納入了同樣一套視覺的建構方式，這些動態的、可以調整遠近的攝影機，在地圖應用程式裡對地面單位進行連續的放大或縮小。如今，對著空間地圖或衛星圖像來遠近縮放，這種熟悉的操作已經成了我們的本能反應，但它在《十之乘冪》裡有更強大的展現。我們的旅程，從一對男女慵懶閒倚在湖邊的芝加哥公園，直到光輝照人的星球倏地消失在宇宙之間，在視覺上顯得流利而順暢，而且從頭到尾都伴隨著伊姆斯夫婦所設定、那種便於觀看的白色畫面框。

新視野

從那對男女到芝城、地球到宇宙，每一步連續的拉遠或推近，都**重新架構了視野，為我們帶來新的訊息、新的洞察，以及新的思考脈絡**。在十的一次方，那對悠閒男女的彼此互動是擺在鏡頭前方。到了十的三次方，我們看到了芝加哥。在這裡，中產階級野餐客的生活型態便強烈對比著我們所沒看到的事物：圍繞著種族、不平等及司法正義之間的衝突，正持續困擾著芝加哥這座城市。

到了十的七次方，我們凝望著地球，很難不想起它的環境危機。到了十的二十四次方，更多生存問題出現了，因為我們變成了測量不出來的一個小點，我們的微不足道正說明了我們在宇宙中的角色。……而後，返回到原子以下的層次，也是同樣的道理。

隨著每次比例的焦點轉換，難題、挑戰、機會和脈絡也都改變了。視域的形塑讓內容與脈絡進入了動態的緊張關係，它遮蔽了某些關注點，又揭示了其他的關注——在每一層連續的視角上，都有所揭露與聚焦。

我們可以從伊姆斯夫婦的《十之乘冪》影片中學到什麼，從而幫助我們更加了解並關切尺度和比例糾結無解的局面，以及現今的系統轉變？我相信，我們可以調整不同的聚焦，運用每個十的次方的移動比例尺，來切入互相牽連的種種難題，以便找到一些策略來駕御現狀——或者至少，更有建設性地因應困境。

為了做到這點，我們要運用一種我稱之為「按比例縮放視域」的方法。這是一種流動性和概念性的框架，用來挑戰假定、邀請合作，並在難題範圍裡，在槓桿點未必明白顯露之處，放置好槓桿點。

縮放框架

伊姆斯夫婦所建立的「十之乘冪」架構可以有條理地套用到社會單位的分布，雖然這種作法更偏向比喻性、而非死板硬性或無法調整的分類範疇。舉例來說，把十的一次方視為個人的比例，十的二次方是家庭，十的三次方是左鄰右舍，四次方是社區，五次方來到城市，六次方是大區域，七次方是國家的一部分，八次方是國家等級，九次方是大陸，而十次方則是整個星球。[3]

歸根究柢，這些框架只是方便性的，它可以是任意的建構，任何人都可以透過各種方式來重新構思，以便有效地因應情況。比如說，如果在某個地理位置建立了框架，便會忽略了一個事實：如今人類互動的社群並不受限於地理環境，而且，我們有許多朋友與協力工作者是以網路為基地而散布在全球各處。所以，這些架構或許更偏向概念式的用途，因為它們可以從用戶而跨越到對話、到對話串、到聊天室、平台、網路，乃至更遠。

還應該留意的是，這是以人為中心在運用的概念框架，因為它們是以人及其集合體優先於其他非人類事物（如微生物、昆蟲、植物或動物）的立場。如果我們反倒聚焦在細胞、微生物、有機體、岩石，植物、爬蟲類、生物群落、生態系統、生物區、星球或大氣層，那麼，這種連續式的比例縮放視域會是什麼樣子？比方說，要探討人口密集環境下的廢棄物議題，就應該考慮蒼蠅、齧齒動物、浣熊、鹿和熊，牠們如今都跟我們棄置垃圾的習慣產生了密切關聯。當然，或許有人會主張，許多關於氣候的挑戰，都導因於我們經常忽略這些非人類的立場。[4]

比例縮放視域能夠提供一種彈性的作法，而且在多層次之間進行操作，以找出被忽略的機會、利益關係方、限制、合作者，以及新的觀察點。但如果因為採用了它卻失去批判性，它也可能在每一個連續性的視域中，突顯出偏見與狹隘的目光。

單車通勤

為了探索比例縮放視域的功效，我們可以藉由一個實例來闡明它的適用性。例如，我們想在紐約市這樣的地點讓單車通勤變得更加從容而令人放心，我們應該如何開始、從何處著手？

對於城市裡的移動，騎單車提供了健康、安全而有效率的方式，而且可長可久。它對於城市的環境產生多種間接而正面的影響，從改善空氣品質到減低噪音，無所不包。然而，由於各式各樣的原因，美國城市騎乘單車的比率遠低於世界各地，尤其低於亞洲及北歐。而像紐約這樣的城市，還必須考量額外的複雜因素，因為它有著惡名昭彰、左突右拐的計程車及來勢洶洶的公車，更不用說那極不友善的冬季氣候。

據「世界觀察研究會」的調查，「單車在全部交通中所占的比例，各國差距很大。目前為止，中國城市的單車交通仍在世界上占有數一數二的高比例，雖然中國對於私家汽車的消費也在逐漸成長。在最仰賴單車交通的城市如天津、西安及石家庄，單車占了超過所有交通工具的一半數量。在西方國家，荷蘭、丹麥和德國都有高比例的單車交通，占所有交通的百分之十到二十七。而相較之下，英國、美國和澳洲約僅占百了分之一。」[5]

紐約市已經擁有世界級的地鐵系統，以及其他類型的大眾運輸，每天服務著上百萬通勤族，但是大量的汽車還是堵塞著道路。因此選擇用單車通勤，可不是沒膽的人敢於嘗試的，儘管近來紐約的單車基礎設施已經有了改善。

如果我們的目標是要提高紐約市的單車騎乘，我們可以怎麼運用比例縮放視域的作法來找出對策，疏導難題？為了有更強的針對性，我們將站在一名設計師的角度來瀏覽單車交通的情景——即使無論是誰，都可以從任何問題中心的角度（例如工程、政策、企業、醫藥、社會工作等）來因應挑戰。

第一步，無須訝異，就從個人層級開始。

十的一次方

借用《十之乘冪》的視域策略，讓我們思考一下在十的一次方層級，或說個人的層級，設計師可能會怎樣提高單車的騎乘率。6

對許多人來說，單車本身是一種既累贅又不算便利的工具。單車的車架和凌亂的組件沉重笨拙又不好攜帶，它們很難搬上樓梯，容易遭竊，而且要帶上大眾交通工具也會是個挑戰。如果設計師可以針對單車本身的結構來思考，讓它們更易於折疊或可攜、重量更輕、防竊，而且騎起來更舒適，或許會有更多單車使用者選擇這種人力的移動方式，而不用化石燃

比例縮放視域，十的一次方。

油。

過去幾十年來，雖然單車的型態和技術已經有了相當的革新，但這些還不足以轉化為通勤者單車，從根本上改變人們對於單車通勤的想像。輕量的小摺疊車已經進入了單車市場，但它們出現在公眾道路上的頻率有限。同理，折疊式單車在使用人口上也已經有所突破，但它們在總體的人力通勤方式上還沒有形成實質的占比。所以，在十的一次方層級，我們或許可以說，這是產品設計的問題：如果設計師能夠將單車打造得更適合通勤的生活型態及其限制，可能就會有更多人願意放棄汽車和大眾運輸，而改用單車。

十的二次方

如果我們把視域拉遠一個次方，十的二次方來到建築物、人行道及道路的層次，單車騎乘就浮現出明顯的動態及阻礙因素了。像紐約這樣的城市，根本就不是為了讓大量單車停放或騎乘上路而打造的。

比照美國的住宅標準，公寓算是小型的居所，住客經常是對公寓做切分或共用，儲存的空間稀少而珍貴；儘管有更多建築物正在調整儲存空間，以便提升單車騎乘的可能，並提供可停放的地下樓層。此外，人行道本身很不適合大量單車停放。紐約市的第一個單車共享系統「Citi Bike」還必須挪用路旁的汽車停放處，並且打造高科技的車欄，才能容納這些為數不多的單車。

那麼在十的二次方，問題就從產品設計變成了建築設計：我們要如何翻新改造這座城市的模樣，以容納更大量的單車通勤族，以及他們的單車？

十的三次方

來到十的三次方，建築與人行道都後退成了背景，畫面上呈現的是紐約市有名的棋盤式街道與幹線大道。單車騎士在紐約的道路上屈

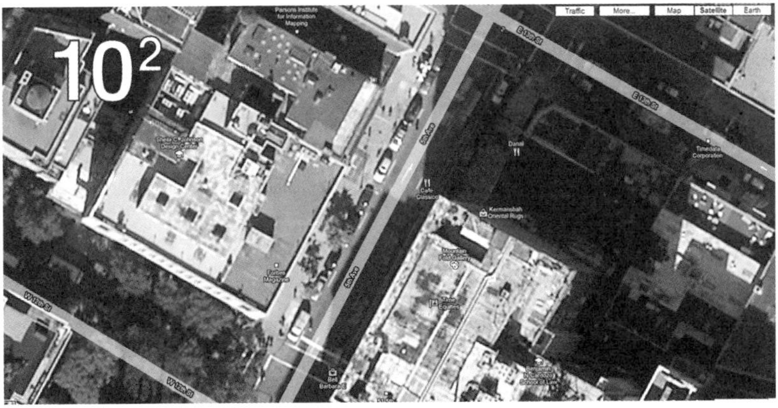

比例縮放視域，十的二次方。

指可數，而且一眼就可以被看到，因為單車充其量只是一種機動車輛，汽車或公車才是主要的移動主體，單車是後來才加入的；或者更糟，單車族往往被視為「討厭的麻煩傢伙」。

道路的設計是為了便利最大量的機動車流，而紐約直到近年來才認可了單車騎士的需求，在機動車道旁邊加設了單車道。許多城市現在已經開始移除道路旁的車輛停放區，並且規畫單車緩衝路線，這也是紐約市如今常見的配置方式。可見紐約的道路政策首先是考慮四輪的交通工具，再來才是行人。

幹線大道是足夠寬敞的，因此愛冒險的計程車司機一旦碰上一連串的綠燈，在這個國家人口最密集的城市，在熙來攘往、畫有斑馬線的路

比例縮放視域，十的三次方。

上，他們可以輕易飆到每小時四十至五十英哩，甚至更快。

情況還不只如此，這種為所欲為的狀況因為加上了人力暨其他動力等種類多樣的交通方式，變得更加混亂，同時它們在這座城市及人行道上川流不息地交錯著，包括直排輪滑鞋、滑板、馬車、摩托車、有踏板的偉士牌、三輪車、電動平衡輪、單輪單車，以及有創意的紐約客異想天開用來代步上路的各種方式。

那麼，在十的三次方，問題就不再是產品設計或建築設計了，而轉移到城市設計的挑戰：我們該如何重新想像城市的街景，以便更能納入人力的交通方式？而且，我們要如何推動這些改變，又不阻礙所有的車輛交通，同時不讓現況惡化？

十的四次方

鏡頭再拉遠，我們現在看到的是曼哈頓的大部分面積，這引發我們思考由行政區本身的規模來思考，可以怎樣產生更多的單車騎乘？

紐約市於二〇一三年啟動了Citi Bike，這是試探單車共享服務的第一步。歐洲及美國許多城市的單車共享制都已實驗成功，騎士從某社區的一整排共享單車裡選取一輛，騎到目的地的鄰近站點，就地歸還車輛。然而，這些系統很少自動達成供需平衡。通常的狀況是，大卡車上的市政府員工趁著離峰時段或夜間時段，默默將單車從一個站點重新發配到另一處，這樣一來，才不會出現某些站點空無一車，而某些站點卻沒有空間可以停放及鎖車的情況。

站在使用者的角度，這項服務必須明白易懂，不易破壞，不畏壞天氣，維修容易，價格誘人，能吸引一日騎乘者和每日通勤族，安全，足夠密集而且便於使用，還能提供多種語言服務（以吸引外國觀光客）。那麼到了十的四次方，問題就變成了服務設計的挑戰：我們該如何創造

比例縮放視域，十的四次方。

資源的共享制度，容納不同的族群，以及差異甚大的需求與容受度，而且要讓人付擔得起、便利、易於維修又便於使用？

十的五次方

紐約不只是一座城市，還是個四處發展的大都會區域，橫跨了鄰近的紐澤西州和康乃迪克州。它用來服務每日通勤客的各種交通運輸單位是個拼湊而成的系統，功能並不健全。大都會運輸署、紐新航港局、哈德遜河捷運、長島鐵路、大都會北方鐵路、紐澤西交通以及美國國鐵，各單位合作的效果並不好。

在十的五次方，都市郊區的單車通勤客需要市政和國家機構來進行區域性整合，以達到流暢

比例縮放視域，十的五次方。

又無縫接軌的合作。因此，這裡變成了制度設計的問題。

通勤客或許是從紐澤西州郊區的住家騎著單車來到紐新航港局，通過哈德遜河捷運，搭上列車來到紐約的賓西法尼亞車站，再使用另一套刷卡系統而搭上地鐵前往布魯克林區。然後她的單車騎上最後一哩路，抵達辦公室。一路上，她必須通過那些不同的法令、規定及乘載設施，它們不見得允許通勤客帶著單車上車。

跟這段旅行同樣複雜的是，許多人選擇了這種方式來降低每日通勤的花費，以將他們對環境的影響減到最小，或者，就只為了避免加重橋樑和隧道的汽車交通量。五花八門的交通運輸單位多頭分散，需要的不只是一個足夠寬廣的優勢高度，來看出這些系統整合之後有什麼好處，還需要有政治魄力，讓這一切改變開花結果。是什麼力量能夠統合這些多頭系統，它們將能滿足哪些人的利益？我們該如何設計，以鼓勵單車通勤者跨越大都會的那些運輸單位，以便提升便利性、健康及安全，同時又降低它各自為政的複雜局面？

十的六次方

到了十的六次方，紐約市成了美國東岸地圖上的一個小點，此刻華盛頓特區進入了視域。在幾近全國的規模上，我們可以提出一個問題：在支持都市單車的交通這個議題上，聯邦政府可能扮演的政策角色。或者我們可以挑明地問道：依照聯邦政府過去的作為，為什麼它對汽車交通的補助這麼高，甚至排擠了鐵路、公車及單車等其他交通方式？

很多人會持論說，二十世紀「美式生活風格」在全球的興起，有不少力量來自道路網所造成的變革，它影響了定居模式、財產規畫、消費和整個生活型態。州際公路系統羨煞了許多國家（尤其美國擁有遼闊的幅圓），而且是二十世紀

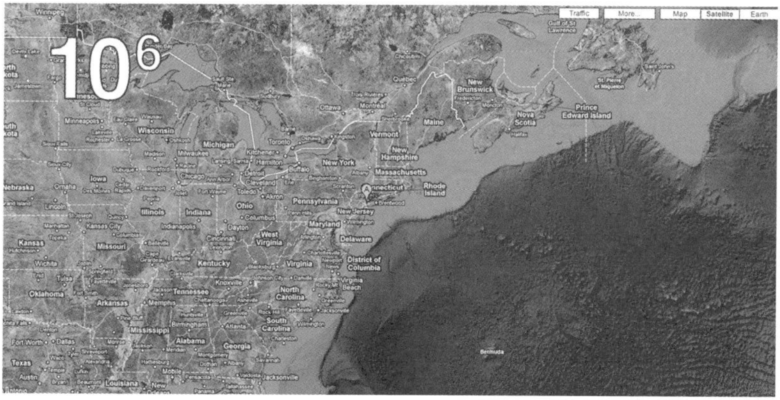

比例縮放視域，十的六次方。

的工程傳奇。

公家投資的高速道路建設助長了「通用汽車公司」成為二十世紀中期世界最大的企業體，超越了福特與克萊斯勒，但這「三巨頭」的興起也意謂著，他們透過緊密的遊說工夫在公共政策上發揮了超強的影響力。這部分解釋了為何美國有這麼缺乏存在感的州際鐵路系統（美國國鐵），這個由公家單位與私人企業混雜而成的組織，永遠是政客們大筆一揮就可以消失的。

比起其他現代國家，城市裡的公車、電車和其他交通系統，財源都少得可憐。一段愛情加上主角開的車如今已成為美國文化ＤＮＡ的重要表徵，一如棒球、蘋果電腦與派餅，這意謂著要推動讓非汽車的交通優先、並大力支持單車騎乘這種都市計畫，已經來到政策設計層面的議題：我們該如何扭轉公共政策及特定利益團體投注金錢的方向，離開單一持有者的汽車，邁向人力型態的交通方式？

十的七次方

現在鏡頭來到了十的七次方，我們必須問：關於都市裡單車騎乘的挑戰，是否有任何牽涉到全球議題的解決方式？

比方說，如果我們每個人都要擁有單車，那麼為單車提供資源、製造及量產，會造成什麼樣的全球性足跡？為了維持產量水準，哪些是必要的金屬和材料？這項產業會對環境造成什麼衝擊？那些在礦坑和工廠工作的人，工作條件如何？大量單車生產所帶來的財富如何分配？我們藉由這些材料和貨物所進行的交易，是在支持一種什麼樣的政治體制？我們可以怎麼做，把單車的生產重新導向在地的資源與脈絡，讓單車製造的成長不會從另一個面向引發環境和政治的劣化？

當難題遍布在諸多層級而無限後退，就容易讓人麻木無感。在地的每一項挑戰，同時都牽絆

比例縮放視域，十的七次方。

著一張糾結無解的網絡。因此，即使是討論小規模或當地的條件，而不用面對更大層級的限制，也還是令人苦惱。

上述關於比例縮放視域的練習，風險是將每個溫和的難題都延伸為去思考全球性的棘手議題。但是，比例縮放視域的要旨並非要讓人以為，任何人如果有志於影響一方一地的條件，都會牴觸全球動態的整體力量。

比例縮放視域的優勢在於，隨著系統規模的擴大或縮小，往往會浮現新的機會，就好比一杯水到了沸點會化為蒸氣，普通不起眼的毛蟲也會變身五彩斑斕、生氣勃勃的蝴蝶。當我們調升或調降系統的規模比例，難題也會改換型態，變得奇形怪狀，隨之嶄露出新的機會。於是，每次的比例縮放視域的操作都有四項課題要處理：

一、每一項在地議題，都可能是全球性的問題。

時至今日，很少有某個在地的議題，不同時以某種方式牽連到全球性的因素。當然，如果說**全部的**問題都是全球性問題，也未免太過杞人憂天。系統的組成元素從當地政治、污染、暴力、金融、都市區域畫分、教育到基礎建設，可謂五花八門，但無不扎根於當地的土壤，只不過它們最上端的枝葉經常觸及全球系統與政治網絡。即使問題沒有達到全球性層級，也經常來自全國性或區域性的根源。

言下之意就是，看待一個問題時，正因為限縮於區域的邊界線，才會讓人深陷其中，沒有去追蹤問題明顯而清晰的樣貌；如果能按照層級來重塑問題，反倒是一個發現新槓桿點的機會，這個機會點在某個層級或許是看不太出來的。

二、在能夠極大化能力的層級運作。

一名單車製造者如果沒有管道接觸單車社群中的其他利害關係人，他介入系統的最佳手段，就是重新設計一輛單車。或許影響力有限，可是話說回來，它還是可以推動事情往正確的方向發展，並促使其他的改變發生。

然而，對一名單車熱愛者來說，如果他趁著週末跟朋友一起騎車，而這些朋友又涉身於政治，那麼當他跟政治圈的車友聚焦於政策問題，就策略而言是更有效的一條路。

也就是說，如果單車騎乘者同時是政治上的提倡者，那麼就可能為政治難題帶來在地而專業的洞見，反觀那些不騎乘單車的政治人物，就很少願意關切這些。世界觀的碰撞可以造成火花與破口，從而轉移對話，並且照出新的前進方向。

三、**在不同層級重塑問題，可以產生洞見。**

我們都受困於系統設計師所謂的「有限理性」。我們無法對系統的每個部分瞭若指掌，也無法知道系統中所有參與者的動機與行為，所以我們對於全盤狀況的認知是受限的。我們的理性行動是基於那些受限的訊息，但這些理性之中卻包含著一些我們不知道自己不明白的事物在內。一旦轉移了觀察立足點與層級（轉換成公車司機或交通工程師，或是女性市議員），我們就能對他人的經驗產生更大的同理心，也能為自己開啟新的觀察點。

唐妮拉．梅多主張：「要改變，首先就要踏出受限的訊息圈。受限的訊息可能出現於系統中任何一角，然後擴展成一種概觀。從寬廣的角度來看，訊息源流、目標、激勵與抑制的因素都可以重新組建，讓分裂而受限一隅的理性行為可以統合起來，達到人人想望的結果。」7

不過更強而有力的是，我們應該讓自己設身處地來看待事情，以理解或廣或狹的行為脈絡，這樣才能產生新的想法。如果無法設身處地，那肯定看不清態勢，最後會反覆撞上同一堵牆，徒勞無功。

四、每個新層級會帶來新的潛在合作者。

從不同層級來思考，可以讓人留意到新的行動者及利害關係人，這些人可能會在過程中成為不可或缺的協力合作者。

單車設計師或許從沒想過跟公車司機合作，但公車司機（他或許週末也騎單車）很可能對於可見性、道路共用、交通工程，或是單車搭公車的通勤方式擁有很好的見解，那是單車騎士沒有機會知道的。或者，跟一名推動單車共享服務的代理人共事，說不定也可以鼓勵單車設計師去看看其他國家的案例，因而發現有些文化下的作法是以往未曾探討過的。

當思維在不同層級之間移動，便啟動了一個歷程，得以迎向新的利害關係人、同理心、替代方案，以及最充滿希望的——解決舊難題的新辦法。

比例縮放視域本身並不是一道解方，但是當某種難題的解決程序深陷泥沼，它就成為開啟新觀念和找尋新合作者的辦法。比例縮放視域的操作要求我們在概念上滑行，跨越寬廣的各個層級，然後找出新的、過去不曾留意的可能性。它逼使我們透過別人的雙眼，以更大的同理心看待問題，找出新的利害關係人，以及策略合作的對象。

同情、慷慨或利他這類行為有可能改變人生，但它們不一定能將系統推往正確的方向。回收利用塑膠飲料罐而製作出人工合成的抓毛絨，在基於生態理念而推動的時尚零售業中是個罕見的成功案例。但後來我們發現，這些超細纖維不斷造成另一種棘手的挑戰：超細纖維可以紡得非常細小，洗濯時，這些纖維足以溜過廢水處理濾口進入下水道，結果釀成了新的環境災難。我們才剛開始去釐清這種災難的規模，它看起來絕不樂觀，但目前尚無罰責。

在個人層級，如果每項小小抉擇都會帶來一連串的不確定，很容易就會使人氣餒：駕車兩小時去另一個城市，比起搭火車，對環境來說是負責的嗎？（更不用說網路上的研究論調是否可信——這又是另一個層級的毛病了）而且，誰會為了做出一個小決定，而花兩個小時來埋首研究呢？

更進一步說，日常生活中很少人有能耐可以基於多重的槓桿點來思考或行動。用紙鈔或刷卡？汽車或火車？購買便宜的超市農產品，或者挑選有機高價的小農蔬菜？找一分工作，或借一大筆學貸去念大學？這些日常選擇使得我們暈頭轉向、孤立無援，面對著彼此衝突的道路。

然而這麼說吧，我們還是有可能倒轉比例縮放視域的兩極性，以便深入考慮個人行為和決定的後果。我們可以把這個作法形容為一種層級式的倫理學型態，使用層級來作為決策框架，遍觀各種層次的確定項、風險項與衝擊。當我們身處糾結難解的系統而採取行動時，我們的知識一向是片面的；但如果深入層級來思考，對於知識是片面性的體認，就可以有效提醒我們的行為。

我們面對這些小型抉擇時，可以循著層級框架裡的各單位，如個人、家庭、左鄰右舍、社區、城市等，來逐一考慮各種選擇，以及評估其影響和風險所在。每個層級的為難之處，在於確定項與影響風險之間的平衡會有所偏移。換個方式來想，我們可以畫出一個連續的同心圓，以便決定自己的行動在哪個層級最符合自己的道德及政治價值觀。每個較大的層級（也就是每個外圍的同心圓）代表我們行為的影響又跨越到更大的影響範圍，而外圍負面的風險也因此而起。

層級思考

關於上述的概念，我們可以舉一個例子。想像一名三十二歲的商店老闆，她住在紐澤西州的紐華克。她的生意很成功，但她看得出來搖搖欲墜的公立學校體系不只影響了她的小生意，也影響了顧客，他們正努力地讓自己的孩子脫離貧窮的循環。這個老闆自己沒有子女，要把問題怪罪到別人身上也不難，但市政缺陷的衝擊明擺在眼前，她想起身行動，但如果祖克柏投資抑注的鉅額金錢都幫不上忙，她還可以做什麼呢？

十的一次方：個人層級

由證據可知，體制性的解方可能對這個議題沒什麼成效，所以她決定縮小影響的程度，只要確認她可以發揮影響力。於是，她決定由擔任當地學校志工開始，為風險學童輔導功課。她可以先服務一名學生，她的行動與這名學生所受到的影響，有著直接的關連——她可以看到孩子的信心和能力逐漸成長。這種作法或許無法解決重大的議題，但無庸置疑，她確實在發揮影響力。

十的二次方：家庭層級

她固然知道課業輔導可以帶來影響，但她也體認到，孩童在學校要有所成就，健全的家庭支持是不可或缺的，而對某些財務困境的家庭來說，這可是一項挑戰。她決定扮演「大姐姐」的角色，指導一名三年級學生，並且擔任那個家庭的另一名成人照顧者（responsible adult），以幫忙照顧年幼的學生。

十的三次方：附近學區層級

對一名學童及其家庭發揮影響力，固然是很值得的付出，但她希望有其他能力所及的事可做，讓她可以不只影響到一名學生。於是，她在學區的中等學校擔任志工，幫忙彩繪運動場壁畫，擦洗窗戶，清除垃圾，有時也擔任教室志工，改善學生的學習環境。她希望這些能讓學生們覺得上學是件好事。她這番行動肯定對一整群中學生都產生了影響，不過，這種影響可以評量得出來嗎？在這個層級她影響了更多的學生，但真的會讓他們的表現更好嗎？

十的四次方：社區層級

她開始出席全市的學校委員會及學區會議。由於她很熟悉當地的中等學校，現在已經能夠為學校的需求發聲。但她也體認到，這所學校的需求必須跟鄰近學校的需求保持平衡，這是不同的挑戰。她開始把難題看做系統性的整體，而非獨立於她擔任志工的學校。在這個層級上，她的目標不是輔導個別學童功課，或者美化學校環境，而是推動政策的形成。這是一件可能長年影響大量學生的事情。

十的五次方：市政層級

當地的中學長期欠缺經費讓她感到挫折。她決定要為這種情況做點什麼，因此她進入學校委員會。如此一來，她開始面對那些體制性的大課題。隨著層級改變，難題也改變了。

到了市政層級，問題不再是她熟悉的社區學生福祉，而是諸如當地各學校與區域範圍行政治理之間的衝突。陳年的爭論遍及全州，明令規定的考試、責任歸屬、教師年資，以及教師工會的角色……都來到了眼前。這個層級所作的決策和所採取的行動，無論好壞，都影響著數千名學生。

每個層級都有該做的事，這點毫無疑問。但是到了更高的層級——也就是同心圓的外層——就代表有更廣大的潛在影響力，只是它不甚明顯，而且風險更高。

總而言之，循著層級深入思考的價值，在於了解到一件事：**隨著層級的改變，問題的性質也會改變**。某些情況下，我們容易因為高層級所做的事是否正確而顯得猶豫不決，反而對低層級能產生的小小正面影響過於執著。執著的程度與影響層級的高低，看起來是逆相關的。

循著層級深入思考，有助於我們在所知與未知、眼前與未來、風險與報償之間取得平衡。沒有單一的「正確」層級可以操作，但我們可以剖析難題，揭露每一個層級的可能性，以及這個難題本身千變萬化的性質。

框架可以是一種令人安心的設計，它把我們周遭的混沌雜亂收納進一個條理井然的「盒子」裡，以符合我們世界觀，直到無法收納為止。比例縮放視域則預設了一個優勢位置，站在那裡可以俯覽一片景象，而且掌握足夠的解析度。就好像伊姆斯夫婦的攝影機，輕鬆往上滑升到了空中。

那些聲稱鏡頭是中立的觀察者，他們的論調乍聽之下有理，可是，鏡頭加上它們的所察所見，可就不是這樣了。沒有什麼事情是中立的，比例縮放視域這種方法就證明了這一點。《十之乘冪》的鏡頭所縮放的景象標誌出一件事：景象既有包含在內的，也有被排除在外的。比例縮放視域的陷阱，就在於將我們的鳥瞰視野等同於事實。其實我們必須認清，攝影鏡頭──以及我們所見──從來就不是毫無動機的。

伊姆斯夫婦嫻熟的攝影機移動雖有一番魅力，卻也具有欺騙性。視域縮放與聚焦建立了基本的視線投射，決定了我們會看到什麼，也決定了我們看不到什麼。比方說，如果定位性的視線投射聚焦於女方而非男方臉上，我們會怎樣看待這支影片？或者，如果這部影片主角是一對黑人、或種族相異的一對男女在野餐，而非白人，那又會如何？或者，他們的所在之處是芝加哥南端、是廣闊無際的亞馬遜叢林、甚至是越南的那些因戰爭而滿目瘡痍的稻田？

《十之乘冪》冷靜的表面下撩動的是一種關於「什麼沒有被呈現出來」的政治學，包含了權力、視角觀點、可見性及能動性的政治。誰在縮放拍攝？誰在做選擇？什麼才算內容及脈絡？又有什麼遺漏在拍攝框架之外？

我們要如何縮放拍攝十的每一次方，才能既訴說自己對於這個世界的觀察，同時又訴說我們觀察的這個世界。這一切都體現了我們的特權、優勢與政治。我們選取進入視域的、以及我們決定排除在外的，都不只是自由意志下不帶目的的行為，而是鞏固了我們自身觀點的行為。我們逃不出自己內在的視域，它就好像一個甩不掉的影子，但我們至少可以承認自己的視域有所侷限，然後想想替代的辦法。

伊姆斯夫婦在他們所找的地方（芝加哥）架好攝影機並操作拍攝（那些不可能做到的上升、下降及探入等移動的技術，被很神奇地隱藏起來了），從而建立了一種假象：攝影機不過就是技術上的事實觀察者。但比例縮放視域還提供了一種機會，可以放大及重新擺放視域，而且設法讓視域涵蓋範圍更廣、更具代表性，或者歪曲離譜。

每一次視角的轉變，就等同於一個機會，可以反省我們對於周遭世界的框架有哪些限制。比例縮放視域促使我們去找出其他的視域，包括別人的。例如，小商店老闆對於學區奮力掙扎的那些課題，採取了什麼樣的視域框架，有可能根本不同於教師、學校工友、校長、學生家長或學生本身。如果我們不進行自我批判，我們就無可避免會因為自己的種族、階級、性別、年齡、能力，甚至眼光的明晰程度，而框限了自己的世界。

回想一下，對一個五歲孩子而言，青少年已經是「老人」了，而夏天則漫長得永無止盡。物理學的「視差」概念❶提醒我們，觀察者的相對位置一旦有了改變，也會改變被觀察的諸多物體之間的關係。伊姆斯夫婦的客觀之眼有「中立」的陷阱，我們並非一定要接受。事實上，我們是被迫要對抗它的。打破熟悉的視域，隨著他人的視線而重新縮放，反倒會粉碎原有的預期，而照亮新的可能。

❶ 譯注：視差（parallax）是指從不同的位置來觀察同一物體時，此物體在視野中會因為位置的差異而有所不同。

07 兩者之間

- 由上而下
- 由下而上
- 中間地帶
- 鷹架原理
- 開放原始碼

我們要如何讓好的想法呈現指數性成長，而不只是重演當初造成問題的同一種思維？如果要相當程度改善我們所造成的一大堆難題，我們就需要想法及解方，可以用來改變數千、數百萬或甚至數十億人的生活模式，甚至改變全球的氣候。

就這樣的大格局來思考，我們必須重新想像自己如何建立了各種服務、基礎建設、政策、產品，乃至於社群。我們大有能力解決小規模的問題，尤其當問題脈絡是可知的、而且牽涉因素又少的時候。但如果我們必須解決的問題已然糾結無解，而且我們無法掌握一切有待了解的事物時，我們通常會失足絆倒。

為了對付那些規模更龐大的挑戰，盡可能在處理程序中列出各種利害關係人，肯定是有用的。「夠多的眼睛，所有的問題就會浮現」，電腦程式的設計師有此一說。❶更多的眼睛就是讓其他人來看到盲點，並填補知識和經驗的缺口。不過，更多的利害關係人、加上更多的參與者，也等於是一個更複雜、更沉重累贅的處理程序。不同的觀點與

❶ 譯注：這句話就是著名的「林納斯定律」（Linus' Law），以Linux創始人林納斯．托瓦茲的名字來命名。這個定律落實到程式設計，意謂著只要有足夠的單元測試員及共同開發者，就可以在短時間內發現所有問題之所在，而且容易解決。這隱然呼應著本章所要談的：如何讓好的想法呈現指數性的成長。

意見產生衝突，有可能讓事情停滯不前。

在一個糾結無解的世界試圖要升級問題的解方，我們可以倚仗什麼模式呢？大規模系統的改變向來主要有兩大模式：「由上而下」和「由下而上」。此外，我會再提出橫跨於兩大模式之間的第三條路，也就是搭建「鷹架」。為了充分掌握鷹架原理，首先有必要就近觀察由上而下及由下而上兩種架構的特質。

在人類事務之中，由上往下的結構大約是隨處可見的。當我們需要建造範圍和規模極為巨大的某個東西，一般都會採取組織性的運作方式，仰賴分工的等級體制。我們建立強大的軍隊、堅固的大橋，或是上下一體的公司，都是這樣做的。在這些典型模式之中，權力、行政管理及專業知識都位居等級體制的最頂層，實際上，它們還滲透到了底層。

一個人在等級體制裡的位置越低，他就越沒有自主地位。工作被分割成較小的區塊，分枝散葉，而小工作本身又進一步分割成專業技術更小的單位。當然，這尤其常見於來自工業革命和生產裝配線的神奇創造，也是管理科學上的重大創新。❷

由上往下的模式假定了一件事：解決難題所需的專門知識是位在最高層（公司的領導者、專案計畫經理、政策專家、軍隊的領導者等）。這些「專門之士」能夠衡量和評估整個地球的問題，能判斷市場和大眾需求，能提出針對性的解方，然後按等級分派給許多人。

以製造業為例，生產者累積了獲取原料所需的財力資源，投注了資金給裝備和機具，然後運送貨物成品到消費者家門口。在政策領域，專業之士研究了議題，跟其他專家討論而形成了政策，然後讓這政策通過而成為規章或法令，以規範民眾的行為與態度。

由上而下

在某些事務上，由上而下的制度非常有效率，但在其他事務範圍運用時，卻未必這麼強大。由上往下的制度有這些優勢：

❷ 譯注：這是指工業工程師腓德烈．泰勒所提出的一種工廠管理模式，見本書第二章。

- 由上而下的制度能將想法和決策都快速地按等級分派下去，因為它只要求少數的、菁英式的決策者來投入想法。
- 上層的經理人可以把結構複雜的挑戰拆分成更小、更簡單的部分。這樣管理起來更容易，而那些部分又可以再次統合成一個有效的整體。整個執行過程都受到監督。有人可以掌握全局，以確定那些多餘的、無效的成分都減少了。
- 可以快速做出決策，因為共識並不是最重要的。
- 層級最低之處，不太需要深厚的知識與深謀遠慮，只要操作那些來自上層的想法就夠了。

但是，由上而下的制度困難在於：

- 系統內部的溝通主要都是往下傳遞的，真正的反饋迴路罕能一見。
- 由上而下的制度容易遭受攻擊，因為拿掉上層的人就可以釀成群龍無首的危機，或者失去協調者及號令。
- 問題解方都是以同一規格來適應所有的情況（或者大部分時候是分成：小、中、大、特大），並不因應使用者的需求變化而有所調整。

- 系統內部存在著惰性，因為最高層級有決策瓶頸。
- 洞見與決策過程，脫離了最接近局勢真實面貌的那些人。

最後這一點特別值得重視。由上而下的體制把策略和專門之士都集中在最高層，這個層級是離生產者和消費者最遙遠的。因此，這些體制裡的主事者，經常脫離了那些跟產品、服務與政策產生直接相關的人們。

這種制度的設計或裝配，根本就不是為了因應五花八門的需求。就像工具——工具就是欠缺彈性的經典案例。大多數的工具被設計來配合慣用右手之人，而不是左撇子；或者是配合身體健全之人，而不是那些患有關節炎或肢體殘障者。

由上而下的體制組織把價格低廉、品質又佳的剪刀工具送到了許多人手中，但並不表示他們一視同仁地滿足了所有人的需求。由上而下的組織依照等級分派工作，但無法回應各種類型用戶高度特殊的需求，於是他們那種優勢便打了折扣。

由下而上

至於由下而上的（有時稱為**自行組織**或**創生式**的）制度比較罕見，所以難免給人奇特和陌生的感覺。這種制度在企業或組織性的生產領域中並非主流，雖然這點逐漸在改變中。由下而上的結構常見於生物體系，這提供了我們線索，透露了它的特質，以及能夠保持彈性、延續生命的潛力。

例如，在大自然的篩選機制裡，並沒有某個主掌一切的規畫者——沒有至高的權威者，或富有智性的設計者——來帶領那些生物個體的行為演化方向。生物變異發生在系統的邊緣地帶，導致了新的雜交種（或新品種），然後這對於一物種的繁衍能力可能有正面或負面的影響。一旦某種生物特徵削弱了生物體繁殖、讓基因延續的能力，便不利於自然篩選；若某種生物特徵增加了繁殖與存活的機率，則有利於自然篩選。隨著生物個體（藉由繁殖而）分享了那些生物特徵，新的特徵便納進了物種的ＤＮＡ之中。

並沒有一套主宰一切的計畫能（好比說）預知人類失去尾巴的優勢何在。一個個體在一種情境脈絡中適應了下來，便決定了生物特徵的輸贏，而生物能動者就會透過連續性的變異，讓全體共同重複這種變異，直到更佳的適應性出現為止。

自然篩選是一個變動緩慢、而且往往是任意的過程，它會出現可觀的變異量，製造出為數龐大的失敗。不過，它也不可避免地慢慢產生了「問題的解方」來因應生態系統中族群壯大的難關。這種彈性，就是我們要努力效法的一種特質。

相較於大多數工業製造程序，「自己動手作」（do-it-yourself, DIY）的運動體認到，專業知識並不限於專家的層級。這波運動通常仰賴開放性的標準、知識分享，並且在成員之間擴大流通。DIY的生產暨消費者，大部分並不嚮往那種傳統或市場取向的生產者，不走同樣的經濟占取模式（雖然零售平台Etsy公司逐漸改變了這種動態）。這種由下往上的路徑是以解決問題為主，但不是那種供應市場需求至上的取向（而且它還經常出於意識型態而拒絕這種作法）。

例如，宜家惡搞（IKEA hacker）的次文化目前正風行。他們喜歡把宜家一項（或多項）產品的多個部件拿來當作別的用途，把它們重新組合成為新型的室內擺設物，具有功能性、甚至破壞性。比如IKEA的Billy或Expedit系列的收納櫥櫃產品就被改裝成貓砂盆，然後在「https://www.ikeahackers.net」之類的網站上公開分享。這種模式中並沒有某些高明偉大的計畫要執行，市場調控也不是目的所在，或許是為了營造一個熱鬧蓬勃的社群吧。

由下而上的模式所體現的許多特質，事實上是牴觸了——或者至少在唱反調——政策或工業製造的流程。在由下而上的模式中，個別行為者的運作對其所預定最後產出的成果，或集體產品的總目標，不太具備完整的知識。每次的嘗試都是一個試驗，以一個小規模或小資源的反覆操作，描繪著解決問題的方式。雖然在某些脈絡下適用，但到了另一個脈絡卻可能行不通。

由下往上的過程中，如果想找出更大規模、巨觀層次的智慧與問題解方，就必須要有強大而積極的資訊之流、連結及反饋迴路。這樣一來，逐步的發展前進才可能跨越整個網絡，而在社群之中共享。

由下而上模式令人訝異之處在於，無論其中的行為個體有多麼聰明穎悟，他們都不知道——也不可能事先知道——自己的變異最終會導向什麼目的。他們有一種堪稱神奇的特質：適應生存的問題解方，來自許許多多個體彼此合作的行為，每個解決辦法都是一開始嘗試失敗、再次嘗試成功，然後又一次的嘗試失敗。

由下而上的模式或許不足以代表大部分人類所開創的文化豐碑，但確實導向了一種高度穩定的系統行為，能夠保持彈性而達到調適，甚至產生智慧。由下而上的組織結構擁有這些優勢：

- 在地的行為者具有能動性、自主性與力量，而等級體制並不占據主導地位。
- 簡單的規則加上簡單的行為個體，就可以產生驚人的協調性，以及錯綜複雜的行為。
- 這種模式可以靈活因應在地的條件與脈絡。
- 並沒有一名執行管理的當權者在掌控整個群體，因此這種組織結構比較不會受到災難式的潰敗。
- 這種模式能夠自我優化，以及自我調節。

不過，由下而上模式的主要缺點就是，它們進展得很慢，而且無法依照設定好的程式來進行，藉此找出特定目標或更長遠的標的。誠如演化需要花費很長的時間，而且是循著它自身迂迴曲折的道路前進，每一種由大量族群追尋目標而產生的行為，必定也是整體而有機地源自許多個體協力的行為。所以，這類模式的進程遲緩，反應也慢。儘管長期下來是平穩恆定而彈性適應的，但它們並不回應由上往下的指令或鞭策。

如果說，由上而下的模式是一絲不苟、等級分明、行動迅速，而且需要有領導者；另一方面，由下而上模式是能

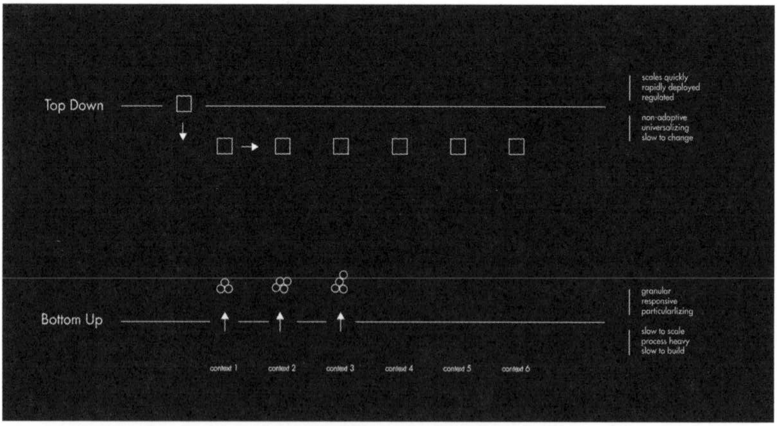

由上往下及由下往上的程序

夠保持彈性而調適，行動緩慢而且達到各個平等，那麼，是否可能有一種取向，是將兩者的強項嫁接到某一處，而且它既不是由上往下、也不是由下往上呢？

我們這麼跌跌撞撞，終於來到了中間地帶。我們最鮮明有力的生活經驗大多是落在這兩個極端之一，不是全有就是全無。我們喪失了折衷兩者的興趣，因為這樣似乎就抓不到極端模式所具備的內在張力了。不過，有一種情況倒是適合兩者折衷的。而且，從簡單到糾結複雜的系統分類概念裡，中間地帶擁有最多的秘密，而且或許它也具備最大的潛力，可以重新思考我們是怎樣讓明察的洞見與好的想法呈指數性成長。

把目光拉近到中間地帶，我們便在這個經常遭人忽略的生態系統裡看到了突變種、混種及雜交種。我們常以為，新的事物是從一無所有之處憑空冒出來的，事實上，新的事物幾乎總是從現存之物的變異之中迸現。在過去，我們一向虔誠效忠於新事物的神話，直到近代這種想法才稍稍式微，意識到意外出現之物總是已經處於中間地帶，只是等待浮現的時機。

所以，與其在由上往下與由下往上之間像打桌球般沒完沒了地兵來將擋、水來土掩，也許現在是找出折衷之路的時刻了。如果指數性成長就是小與大、一與多之間——也就是個案與其普遍涵蓋之間——所進行的程序，那麼在中間地帶生存的是什麼呢？

中間地帶

讓好的想法呈現指數成長的途徑，如果支起了一片中間地帶，會是什麼模樣？一個概略的想法與實現完成的結果之間，程序又是如何？打個比方吧，假如我們的目的是要種植玫瑰花，我們或許會費心搭起一座格架，讓玫瑰有基礎建設可以生長茁壯。我們的目的是要讓玫瑰生長繁茂，而格架最終要功成身退，成為背景。我們不是為了格架本身而去搭建格架，而是將之作為讓玫瑰繁茂生長的建設。

同理，一座鷹架並不等於建築物的一部分，而是建築物必須有鷹架作為想像，讓它可以展現適當的形態。一旦建築物蓋好了，鷹架就不在了。無論我們稱它為一座鷹架、一座格架、一個平台、一種文化、一套基礎建設、一個框架、一套計畫結構、或者一組規則，意圖都是一樣的：設計一個中繼性的框架，它本身不是目的（目的是玫瑰花叢），而是讓許多不同構造物（或玫瑰花）可以出現的工具。目標不是提出單一的想法，再大量複製增生，而是要滋養可能的條件，讓各種不同結果可以創生浮現。

是什麼使得這個中觀層次、搭鷹架式的取向，成了由上往下和由下往上兩種架構的混合物？它有由上往下的一面，因為一定要有某個人構思那個處理程序，就好像他們設計了鷹架一樣。而鷹架可以有許多種形式，取決於你我預想的成果，它可能是簡單的、複雜的、滑稽古怪的、野心十足的、裝飾繁複的、不規則狀的、驚世駭俗的或者規避風險的。要設計一座鷹架，確實需要具備某些專業知識，以及對處理程序的了解。

此外，它又有由下往上的一面，因為我們應該設計出那種可以漸進發展的程序，以便讓許多人的想法盡可能容納進來，並予以最佳化及融會貫通。它必須集結眾智，鉅細靡遺地收納那些最了解它實際影響力的人們，還必須有反饋管道，以及可供一再複製的途徑，允許這個程序的結果可以循著一開始不甚明顯的內在邏輯發展下去。

這就意謂著，長期下來，這個平台不時都有運作及再運作的介入，也聽取了參與者的意見調整計畫，微調運作的取向，以及持續不斷地重覆。因此，這其中一定有長期持續的反饋迴路，讓鷹架製作者可以跟社群緊密連結。這種作法的挑戰就是要研擬出技術協定，如此一來，許多人就能對集體創造及決策過程作出貢獻，但不會讓整個處理過程陷入泥淖，掉進更嚴重的混亂之中。

以維基百科為例，它運用了設計精細的一組協定，讓眾人去更新、編輯，以及將來自群眾外包的那些條目張貼出來。若沒有這樣的協定，有爭議的條目會很快演變成與維基百科規模不相上下的編輯吼叫大賽。

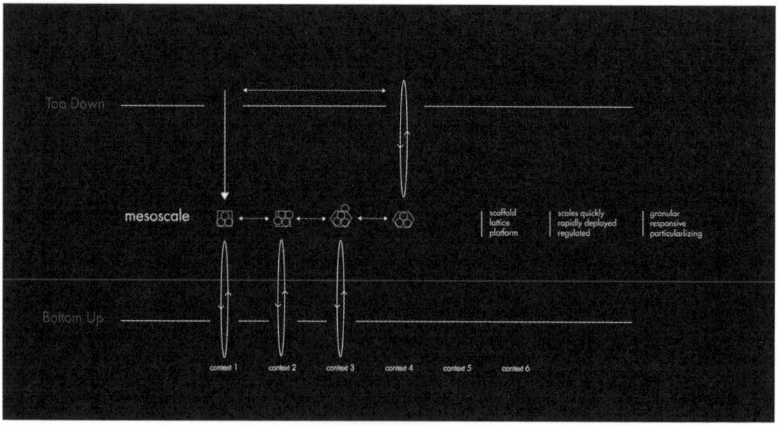

搭建鷹架

由數位推動的網路當然有助於建立一個不斷自我重覆的結構，而適用於許多人。不過，想要形成一個接納能量與想法的動態儲存槽，它們可不是唯一方法。節慶活動、工作坊和創作營這類活動，都可以鼓舞並推動人們進入美好舊傳統的、面對面式的情境。我們會發現，為了競速與效率而失去的東西，已經多過了人們面對面相處所體現的細緻、精微、合作協商而得到的彌補。

鷹架原理

人是如何建立起一個鷹架式的處理程序？一個開放而能多方因應的程序，也許並不總是遵循著底下這些步驟，但我們可以在許多成功計畫中發現大部分的要素：

一、**同聲相應：多多益善**

這一階段的目標，是把構想的來源當作一個專案計畫那樣去傾聽、處理、學習，並把社群的想法反映給社群本身。而最終目的是要建立起共通的基礎，並賦權讓所有參與者體認到：他們對於這個最後成果都有利害關係，而且對於成果的形成都有角色要扮演。這道過程是在共同合作之下設定問題的範圍，無論是誰最先提出了問題框架。這也是一個機會，用來確認主要的利害關係人，而他們在任何畫定問題範圍的過程中將會是要角。

二、念頭形成：瞥見可能性

所有問題都沒有簡單的解方。一旦讓各種觀點、想法、夢想、恐懼和擔憂變得具體可見，就會啟動一個程序，圍繞著計畫的各個走向建立共識。以協力合作的方式來產生想法，終極目標是要想像一個未來有可能付諸實現的範圍。

正如萊納斯．鮑林（Linus Pauling）的知名妙語：「要找到好的想法，最好的方式就是擁有一大堆想法。」熱情而大膽的各種想像經過了某種化學效應會帶來開放性的潛能，以及多樣的可能，而最後成就的便是共生式的未來，而它們又將是行進中的當下狀態。於是，「問題解方」成了一套行動綱領，或是一組漸次展開的條件。它們藉由社群的投入、反饋與能量演化成長，並且能適應著變動的環境。

三、粗胚設計：一起來想像

為了讓問題解方浮現出來，我們必須把行動腳本付諸實踐。而這個行動腳本則是這個社群能夠看得懂、採納、調整、轉化、具體條列、重新組合及創作，最後成為他們自己的腳本。這個階段要做到的是讓事情變得快速、權宜性、可行於一時，具有姑且用之的將就性。

這個階段的目標並不是找到問題解方，而是獲得一些熱烈的反饋，循序漸進：每個相續性的粗胚原型，品質都必須比前一個更穩定一些。或者如同程式設計師所說的，「早點試誤、經常試誤」，目的就是要運用這個一時性的粗胚，讓反饋得以顯露出來。這個階段的挑戰在於判斷何時停手，不需再詳列腳本，而是考量何時該讓腳本轉為確定下來的成果。

四、行動綱領：開創可能性的條件

打造出來的行動綱領，必須盡可能呈現出最微不足道的形態。它是個集體行動的呼聲，也畫定了一個可以落腳之處，從這裡想像新的可能。「鷹架」這個字的多元涵意也包括了平台，或者是行動綱領，至於它到底是什麼，並不那麼重要，因為它所能推動促成的，比起它呈現什麼形態更重要。

它不可以過度建造，添加風格顯著的花飾和華而不實的裝飾。重要的是為了往前邁進而需要的同意協定、合約、願景、許可憑證、承諾保證、雙方關係，以及戰術……，改革者的工作就是把這一整組能力條件組建起來，讓它們可以一再複製並演化下去。鷹架只是可能性的條件，一旦任務完成，就會功成身退成為背景，就好像格架讓位給盛開的玫瑰。在此階段，設計師的身影比較顯眼。

五、循環反覆：鷹架如何自我優化

小型想法透過增生擴散的方式而呈指數性發展，而好的想法則藉由循環反覆的方式來精益求精。你或許會問，為一個社群所設計的成長之路，可以轉換（或擴增）成為另一條路嗎？答案是肯定的，只要有多組的反饋迴路同時發生就可以。

首先，那個引起發想的社群必須主動而正式地將他們遭遇到的缺陷，以及臨時想出的修改都納進平台，然後當作他們自己的工具設備。這個平台必須進化。第二，平台一且與他人共享，社群與他們各自的平台之間一定會有創新的想法來回交流。換言之，反饋迴路必須朝向每個方向，而且隨時保持暢通。這便需要建立一個長期溝通的管道，它可以成長、管理與維持平台使用者從四面八方湧進的觀點、批評與訊息。平台為多方社群的交流提供了條件。

六、反饋：持用即再生

在鷹架所搭起的處理程序中，持用（consumption）並不是消耗，而是再生。它更近似於爬上一棵樹或是攀著樹枝擺盪，而非砍倒一棵樹，把它變成紙袋。在此系統中，持用會是什麼模樣？就上述例子來說，持用並不是獲取及消耗一項有限的資源，而是跟持續不斷更新的資源進行互動。

一個系統如果能夠自我平衡，就會像生態系統那樣，雨變成水、水變成維生之物、維生之物變成廢棄物、廢棄物蒸發消失，蒸汽變成了雨、雨又變成了水。因為平台容納了許多可能性的條件，所以它就是永續不斷的再生之源。每個新的想法經過了擴展，並讓平台得以進化，同時平台又回饋以新的觀點。回饋的字面意思就是，提供養分回歸給源頭。而平台的每次使用都為平台重新填充了養分，並提供恢復健康的能量。

顯然，這樣的程序兼具了由下往上與由上往下的策略。營造出可能性的條件讓事情可以發生，這點正是關鍵。但是手法必須細微、靈巧而講求謀略——架構只要夠用就好。真正的目的是要加速創生演化的過程，讓重複仿照、回饋與學習的循環可以更快速。只有藉由這種方式，這個程序才能循著持續分化所需要的步調，而呈現指數性的成長規模。我們從規模的知覺與概念及作用中得到了一些啟發，可以用來指引這個處理程序：

- 不要設計問題的解方，而是設計一座可供找到答案的鷹架。
- 專業知識在此插不上手。
- 讓不確定成為一項資產，沒有其他條件比它更重要了。
- 把控制移交給別人，藉此放棄控制。
- 激勵長期的參與，並且一視同仁。
- 讓持用者成為製造者。
- 建立強有力的管道，以便進行來自四面八方的溝通。

- 設計一道處理程序來選取那些有用的特質，而排除沒有用的東西。
- 要確認反饋能夠一直抵達最邊緣之處。
- 隨著時間發展，而將鷹架減到最小。

於是，在控制與放手之間、在執行事務與任其往需要之處漫遊之間，你我就必須掌握到一種精微的、幾乎像禪修般的狀態。這樣一個過程更類似於蒔花弄草，而不是刻意設計。

或許你會說，建立鷹架是個白日夢，這種抽象的架構無法在現實世界立足。然而，世界上可是發生過這類處理程序的實例。這些實例或許並不完美符合鷹架原理的每一方面，但類似之處還是讓人學到不少好的經驗。這些實例把風險與可能性也都照亮了。

開放原始碼

作業系統是一座基石，讓微軟Word及Firefox網頁瀏覽器、Outlook或Photoshop之類的應用程式都可以在上面執行。而深藏於作業系統內部的乃是核心（kernel），那是最不可或缺的程式碼；以程式碼為基礎，才能建立其他額外的特徵（features）和作業。

據估計，微軟的Window10作業系統包含了五千萬行電腦程式碼，而Window10仍然是用於世界上多數個人電腦裡的作業系統。五千萬這個數字令人震驚，它象徵著人類努力與智慧的一個規模，幾乎無從想像（雖然據《連線》雜誌報導，Google的編碼基底還大了好幾級——有二十億行的程式碼。）[1]

Linux是一種開放原始碼軟體，功能就是作為電腦和其他電子產品的作業系統。Linux所據以命名的林納斯．托瓦茲（Linus Torvalds）於一九九一年啟動了Linux核心，當時他還是赫爾辛基大學的研究生。在那個年代，桌上型電腦仍然處於早期發展階段。雖然某些人的書桌上已經有了桌機，大多數人仍然認為家用電腦是種相對奇特的東西（而我們如今所謂的「全球資訊網」已經是好幾年之後的事了）。

托瓦茲原本一直使用Minix系統。那是Unix作業系統的簡化版，但托瓦茲發現它並不適合自己的需求。他想重新建立核心，修改Minix作為替代。他曾經聯絡Minix的發明人塔能鮑姆（Andrew Tannenbaum），提出了修改建議，但塔能鮑姆沒有接受。而後，托瓦茲便著手寫新的核心，要讓它同時可以接受別人的貢獻與建議。

Linux不一樣之處（雖然並非獨一無二）在於，托瓦茲發展出了一個原始碼生產的鷹架模式，它支持其他人的貢獻，以確保這個模式能夠成功。它對外散布了發展改進、擴增與細節深化的潛在可能，而且建立了一種可供參與和反饋的基礎設施，引來了數千名利益關係人的熱情參與。

托瓦茲（跟其他人一起）照管的這個程序，並不是在這項計畫之初就充分成形繼而登場，而是隨著Linux本身的成長與進化才達到的成果。它也不像某些人願意相信的那樣呈現一種純粹平等協作的形式。事實上，這樣反倒彰顯了它是一種鷹架所搭起的程序。

它把由上而下的生產模式嫁接了其中幾個方面到由下而上的參與。然而，托瓦茲手法的精明之處在於，他體認到一旦為Linux建立了合作式的基礎設施，該計畫就可以有指數性的成長，而不會造成頭重腳輕的弊病。自二〇一九年四月之後，Linux作業系統的組成已經有兩千四百萬行程式碼，琴瑟合鳴有如協調精準的管弦樂團。[2]

要寫出幾千萬行程式碼，而且讓原始編碼所執行的各種功能都能順利互動，這就像在哈德遜河上建造一座華盛頓大橋，或者像是發射火箭到月球上。任何一項小缺失都可能讓整個事情陷入沉重的停頓，而且錯誤被疏忽的可能性也隨著計畫的指數性擴增而擴增，有時候甚至更快。

一九九一年，托瓦茲第一次向全世界釋出Linux核心時，他的作法很顯然是不一樣的。「我正在使用一種AT-386電腦所用的、類似Minix系統的自由版本。」他在一封電子郵件裡說明了自己的用意：「它終於來到了這個階段，它竟然是可派上用場的了。而我很樂意釋出原始編碼，讓它廣為流傳。……這是駭客寫給駭客的一個程式，我一直樂在其中，或許會有人願意檢視它一下，甚至出於自己的需求而加以修改。我期待你們提出任何評論。」[3]

這封郵件中的說法，顯示托瓦茲當時還沒意識到自己啟動的是一種鷹架式系統，他做的不外乎是分享自己的勞動成果給一群想法相近的駭客，而且希望別人也可以發現他這套作品是有用的。不過，一開始的驃悍動作很快演進成為一個生態系統，吸引了其他程式設計師的投入。不到一九九四年、托瓦茲釋出Linux1.0版之前，自願貢獻的程式設計師已經多達七十八人，來自十二個國家。[4]托瓦茲體認到，一旦Linux有了顯著的成長、效能與進化，他和合作者就免不了地要打造一個可以協力合作的基礎架構，讓這個系統的用處及程式設計師的自發性能量達到極大化。

Linux之所以獲得了迅猛強勢的成功，是因為開發者能夠發想並設計出一個參與的平台，既肯定了任何人貢獻的工作成果，又管理了複雜可怕、有如蕈狀雲一般的原始程式碼，同時建立了強大而能彈性調適的管道與迴路，以供反饋。

對於原始程式碼的健康最具關鍵意義的，或許是他們所制定的三項重要策略（或者說簡單的規則）既鼓舞了參與的能量，又減少程式的錯誤（bugs）：一、每個子程式都是模組式的，這意謂它可以獨立存在，也可以外接到更大的母體上。二、程式設計師必須測試自己程式的可行性，並通過一道「登入」程序，以確保他們的程式不會把錯誤帶進大系統中。三、任何程式設計師如果覺得比貢獻於母體更合適，他隨時可以「叉走」

程式碼，去開一個替代用的分支。

這些規則再結合新創授權計畫的條款（亦即GNU通用公眾授權條款），創造了一個成果豐碩而不可思議的園地，達到了爆炸性又條理井然的成長。

Linux表面上是個由下往上的生產過程，規模成長相當快速，但它的組織結構並非像許多神話製造者所言是一場全然的混亂及徹底的平等主義。它的成功源自於托瓦茲和其他人在由上往下的治理方式與由下往上的自主自律之間，建立了理想又脆弱的平衡。

許多後來的發展都是來自這個生產系統的直接結果，這也是托瓦茲所預見的，但這並不表示Linux單純是托瓦茲個人的成就。相反的，這是數千名程式設計師協力合作的貢獻。但這個過程中，我們可以肯定的是托瓦茲巧妙引導了設計的程序，而不控制它的內容或呈現——他讓輪子自己轉動起來。正如他一九九二年在Linux郵件論壇上的一篇貼文所言：「對於『保持控制』的立場，用三個字來說：我・不・幹！我對於Linux一直有效進行的唯一控制，就是我比任何人都了解它。」5

隨著Linux的分量和複雜性的提升，托瓦茲面臨了一個簡單的規模問題：編碼基底一直擴增，最後會大到沒有任何人能夠檢視管理，這就是所謂「林納斯爬不到頂點」（Linus doesn't scale）的難題。他知道自己的極限，因此建立了一個內部的代理員機制，這些代理員可以檢視程式碼的分項。由此可見，Linux的成長管理採取了類似正統的、由上往下的組織形態，但也強化了另一項事實：Linux的生產模式既不純粹是扁平的，也不全然是上下階層式的。這些代理員的責任並不在於決定程式碼的發展方向，他們的角色是確保編碼本身靈活、有效、模組式而且寫得漂亮。

重點是，這個計畫的複雜程度必須要建立一個合作發展的基礎架構，而這項建設就形同一項堆疊了幾百萬行程式碼的勞務，但不會排擠掉那些志願貢獻者的驚人能量。這種開放原始碼的生產模式，一部分的創意就在於它模糊了持用者與製造者的界線，讓每一名參與者都成為原始程式碼的潛在持用者，但又是它的潛在創作者。

福特主義的生產模式所設定的，是持用者與製造者兩個群體之間有一種僵硬而絕不相混的差異，但鷹架模式卻以新穎的方式打破了這個區別，在製造者暨持用者的社群內部造成了更緊密的連結，並強化了這個生產系統。

程式設計師身為製造者與持用者，他們對於品質、耐用性和效用都產生了利害關係，不只對他們生產製造的東西是如此，對別人生產的東西也是一樣。社群就是因此形成的。而反過來看，這等於是社會組織造就了末端產品本身的強大與彈性調適力。當然，如果人們投入了自己的時間和精力去創造了一項產品，他們就比較不會為了下一個閃亮的廉價新貨出現，而急著把它扔到一邊去。

而這一切增加了什麼？一個開放式、中級規模的處理程序在市場上是如何競爭的呢？這個作業系統創生於志願程式設計師們的共同努力，它在網頁伺服器的市場已經占有了最大的一塊。Linux也是安卓作業系統的基礎，而安卓又是世界上最廣泛使用的作業系統。Linux搭載於大多數的小筆電，以及所有的Chrombook，而且，約有百分之九十八的超級電腦也靠它運作。[6]

這些統計數字讓微軟嫉妒得眼紅，微軟這家公司在同樣長的一段時間裡可是付了好幾百億美元給它的程式設計師！而且二〇一六年三月，微軟允許自己的數據庫管理軟體（SQL伺服器）在Linux作業系統上運作了，這多少是屈服於Linux的成功了吧。一個流通開放而且完全自願性的處理程序，卻出於某種原因，而能夠多方面勝過世界上數一數二的大型公司生產的無上珍寶，真是個奇蹟！7

儘管還不是個鷹架式的完美模式，但後來成長為Linux的這個發展平台卻闡明了鷹架式程序的諸多特點，甚至證明了這個模式可以產生令人矚目的成果，雖然Linux有些屬性或許無法轉移到其他的處理程序上（例如，程式碼可以無限、零成本的再製）。這兩個模式是如何整合起來的呢？

• 同聲相應：

托瓦茲的一篇貼文開宗明義說道：「這是一個**駭客寫給駭客的程式**，我一直樂在其中。而或許會有人願意檢視它，甚至出於自己的需求而加以修改。……我期待你們提出任何評論。」

換句話說，他證實了自己對於駭客文化、對於開放原始碼程式設計的了解，並邀請他人來分享為自己及他人解決難題的那分愉悅。他免費將某個東西捐了出去——或者建立了友好的關係——而接下來發生的，就開放給許多可能的方向。

‧念頭形成：

托瓦茲以這樣的願景作為貼文的開頭：「我正在使用一種AT-386電腦所用的、類似Minix系統的自由版本。」他一開始就建立了一番願景，想成就一種可能，那就是沒有附帶條件的自由軟體。雖然它是還是有所限制，而且潛藏著錯誤。然而這分邀請描繪了一個可能的未來，只有透過許多人的共同參與，才得以實現。

‧粗胚設計：

托瓦茲的這篇貼文為生產系統規劃了一幅生動的草圖：開放的原始程式碼可供一再重覆、反饋的管道，以及廣為流傳的承諾。一年後，它又結合GNU通用公眾授權條款建立了一個架構，來允許公共版權（或稱散布權）、分支發展，以及無限制的分享。

此後Linux社群創立了代理員組織，在程式碼變得更加複雜之際，加速產品評估的流程。Linux所發展出來的模式，並不是打從一開始就存在的，而是經歷了一個緩慢而重複的演化過程，最後才自我篩選出來的型態。

•行動綱領：

開放原始碼、可重覆性、反饋，以及「登入」的基礎設施，這些屬性結合起來構成一個讓Linux風生水起的平台。Linux發布流傳的不只是最新原始程式碼，它不是一件設計好的**物品**，最後在市場上發布流傳的機制，毋寧是最終端的成果，而這個成果是來自鷹架式的框架。

這個鷹架結構建立了可能性的條件，讓基底編碼得以產生，它是動態的，就某些意義而言，它是活的！Linux持續演進，沒有任何單一個人在主導方向。托瓦茲或許擔任了協調者，但他並沒有將Linux捏塑成形。他的功勞是仰賴了幾千名程式設計師和用戶的貢獻，而他們還持續往托瓦茲未能預見的方向推進著。

•循環反覆：

Linux發展中引人注目的一面，就是有辦法讓數百萬行的程式碼自動產生，而且反覆一再地模組化、發布流傳、再連接及再組裝，而這一套是行得通的。這種「接管」與「構件」的複雜機械裝置——基本上就類似建築套裝玩具的結構，允許程式設計師卸下自己需要的構件進行修改，而重新組裝的結構卻是原封不動——保持了整台機器的運作。

而代理員能夠找出次要構件的程式錯誤，讓它不會拖累整體。就像《魔鬼終結者》第二集裡有個液體的金屬半機械人，每個組件都可以溶解為一片程式碼，之後又重新組合在一起，而且比先前更良好、更強大。改良都是在系統內部闖蕩出來的，一路上靠的就是既有的原始碼。

• **反饋**

Linux的用戶並不只是持用Linux而已，他們也予以重塑。而這一切如果沒有托瓦茲為這套處理程序建立了可供反饋及前饋的複雜管道，就不可能發生。有效的溝通流動是Linux的命脈。針對原始碼的評論、新聞交流系統和部落格貼文，乃至於火熱的爭論、快言快語和人身攻擊，全都有功於整個訊息生態，讓Linux保持著生機，而且最終能夠適應變化。8

各種方向的訊息持續流通——除了上下層級之間，也不乏平面的流通——使得這個系統和過程透明而無私，任何處於其中的人都能清楚掌握。就好像每個人如果有興趣知道維基百科某個條目的歷史，也可以來回追溯，釐清條目的發展過程。Linux生態系統裡，溝通的文件化及流通也讓這個過程保持開放，所有人都能知道。

托瓦茲等人當然對於Linux的生成扮演著重要角色，但他們並非將Linux創造出來，而是讓它發生。這聽起來或許像是某種詭詐的話術，但這其中的區別卻很重要。

讓Linux創生出來的鷹架建造裡，是隱含意圖的，但如果單純秉持著同樣的設計意圖，就無法產生兩千五百萬行的程式碼。由上往下與由下往上之間維持著動態的平衡，這讓程式碼本身活了起來，有了生命。Linux或許還不是一個真正的、生龍活虎的生態系統，但已經十分接近了。它是動態性的，適應變化而保持彈性。它發展了新創的規模，又消除了糾結複雜的狀況。

搭建鷹架呈現出一個弔詭之處：它既是被設計而成，也是開放性的。這種中間層級的程序有演進生成、有複雜錯綜、沒有當權者在發號施令，又可以循環反覆，結合了科技性與生物性的系統。它促成了生產力、溝通與適應變化三者的活躍集結，而讓社會參與達到極大化。

它是實驗性的，因為生命本身就是實驗性的：任何單一的創新或變異都不保證能存活於在地的生態系統，反而是有許多小型考驗必定同時在發生，而知識與觀點必須流通，並公開遍布於整個系統。也就是說，這個系統既不全然是生物性的，也不全然是科技性的，最終看來，它會帶著強大的社會性。

它不是由上往下或由下往上，而是活躍於富饒而肥沃的中間地帶。修復破碎的星球、鬆綁政治體制的紐結，或者讓我們的社會變得更加正義，這些事都不再跟往常一樣了。我們必須願意全心接納徹底的不確定性，並抱持信任感去邀請其他人，協力發現問題的解方。

08

野豬與棘手難題

- 荷蘭謬誤
- 規模推廣
- 非線性系統
- 野豬災難
- 兩難
- 槓桿視角
- 社會式行為

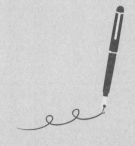

複雜無解的局面往往勢頭銳不可擋，令人動彈不得，大規模的迷霧又讓人摸不著邊，經常不知如何往前邁進。無論我們是正在排隊結帳，考慮付現或刷信用卡，還是在辦公室而被電子郵件壓垮，生活中的困境似乎永遠沒有妥善的選項。

環保人士的真言「放眼全球，在地行動」提示了一種促進大規模改變的模式：如果各地的改革推動者都著重於在地的脈絡，並且長期不斷處理那些難題，那麼這些行動集結起來就會讓世界地圖上的小點都有了色彩，陰沉無力的景象也會轉為鮮活。

荷蘭謬誤

然而，這種改革模式涉及了一些基本課題。[1]人口理論中有一個批評觀點「荷蘭謬誤」（Netherlands Fallacy）強調了一項事實：許多情況下，解決在地的事務，有可能會造成其他地方的新難題。換句話說，歡迎來到這個互相牽連、棘手難纏的世界！

安妮與保羅．埃里希（Anne and Paul Ehrlich）夫婦在一九九〇年的著作《人口爆炸》（*The Population Explosion*）一書中，把荷蘭謬誤這個觀點引進人口的想像之中。

他們把焦點放在荷蘭，有部分是因為《富比士》雜誌某篇文章表示，人口過盛並不是一個問題。這篇文章同時以荷蘭為例證，主張一個國家的人口過盛和高生活水準是可以並存的。

埃里希夫婦對此有不同的看法：「《富比士》雜誌認為荷蘭並未人口過盛，這點特別諷刺。這是一個很常見的誤解，『荷蘭謬誤』已經長達二十年了。荷蘭每平方英哩支撐了一千零三十一人，只因世界上其他地方根本沒辦法做到這樣。」

也就是說，荷蘭能夠維持高水準的生活，正是因為它從世界上其他地方進口了相對低價的食物與能源，形成了剝削。他們在當地採取了行動（極大化了自己的福祉與生態足跡），但是解決了當地壓力之餘，卻加劇了其他地方的不公不義。

規模推廣

「規模推廣」式的改革理論採取了不一樣的操作方式。規模式的改革理論不鼓勵各地民眾往內去面對自己的在地難題、一次處理一地，而是提出一個建議：特別新創的想法可以一次推及多個地點，在效率、能源與時間上都取得經濟規模。這個模式假定說，各種挑戰之間有些共通性質存在，可以由單一而新創的模式來處理。

例如若干城市中，社區警務能夠防堵驟然發生的暴力犯罪。這表示，國內的多個城市都採取了同樣的一套模式，也都冀望即便各地的民情不同，還是可以收到同樣的成效。同理，單車分享服務是為了因應生態、交通及健康方面的挑戰，最早施行於歐洲的城市，而後這些服務大規模地增生擴散到其他城市，期望能有效處理同樣的都市問題。

規模推廣式的改革理論之所以有效，道理類似病毒感染或森林大火。這模式假定說，改革將會在脈絡B之下穩定產生，因為它已經在脈絡A奏效了，而且脈絡B又有所準備，它擁有必要而類似的條件，可以讓採取的作法散播開來。

但是規模推廣還暗含著想法傳播以外的問題。從一批當地居民跳到下一批的過程中，牽涉到一個問題解方的大小規模與複雜度的提升，而它缺乏鷹架式取向的持續反饋迴路。規模推廣的模式隱含著一個原理，那就是它只往一個方向——也就是提高——來操作，而不是鷹架式的雙向操作。新創觀念的規模推廣模式，如果唯一的目的就是賣得更多、推得更廣，或者取信更多人，那麼它並不會學習，也不隨時應變。

提升一件事的規模（也就是把規模當作一道過程，而非一個框架）無形中引發了一個問題：要如何有意地改變系統，或者說，如何從小處開始，然後將尺度拉升到符合更廣大、多樣化的社群所需？這樣的過程對於社會的創新是重要的，對於企業或科技創新也一樣重要。

一個鄉村地區的社群在因應公共衛生的困境時，或許找到了成本低廉而效果長久的方法，而行政區或國家層級的公衛官員急著對更廣大的民眾實施這個新創方式。一家小型服裝設計製造商或許因為大報的評論或爆紅的推特而嚐到了好處，需要衝高產量，並且比原先預計的更快速投入更多資本；但他們也體認到，這種火熱的需求也許不會長久維持。或者，民宿分租服務（例如Airbnb）在少數地點經營成功，但它如何成長為大規模平台，不只照管數百萬名租客，還能因應像沙烏地阿拉伯、塞內加爾和新加坡這麼多國家有關民宿分租和服務的各種不同法令、規定和文化習俗？

我們能否從規模推廣的概念中學到某些經驗，可以拿來作為行動指引或計畫，並適用於所有不同的脈絡？簡短的答案是「不行」；但詳細的答案將揭露了有關規模及系統改變的驚人洞見。

非線性系統

大規模式的設計、計畫、新創甚至行動，無不是在系統的大海中泅泳——因為那些系統糾結而無解、流動而易變。系統是多種要素與關係的聚合，具體展現了特別的行為和作用。系統可以是物質性的（如模型火車組或天氣），也可以是非物質性的（如宗教信仰、家庭或軟體），並非每樣事物都是系統，但大多數事物都是某個大系統的一部分。

比方說，烤麵包機裡的金屬線網就代表一種人為設計的簡易系統。在經過一些學習之後，我們大部分的人都可以了解它是怎麼運作的（致動器一推下去，電就循著那個方向流動，讓金屬線熱起來……諸如此類）。

歷史上，系統思維源於工程和電腦科學這類學科，雖然也有來自社會科學的灌注。

工程師造就了相當複雜的系統，以驚人的方式在運作（安全飛翔的飛機；高聳的摩天大樓因應強風而平衡搖晃；跨越峽谷的橋梁；還有永遠連線的網路）。這些系統由數千個組件構成，它們的典型特色就在於它們是線性的。

也就是說，你我都能夠辨認每個單一組件所對應的專精用途，以及單一組件對於全體的作用，還有，如果系統故障失靈，該如何修復。此外，作業系統、文書處理應用程式等這類軟體也是複雜的系統，它們由數千萬行程式碼組成，如果我們希望工作順利進行，它們全體都要為我們和諧地互動。一個小小的錯誤或是一小組拙劣的編碼，就可能讓系統跛腳，除非修改那一行程式碼，才能讓功能回復而運作。

另一方面，糾結無解的系統既不容易了解，也不容易修復。糾結無解的系統沒有直接了當的問題解方。小型而具有目標針對性的輸入，無法產生事先可以預期的輸出結果，因此這之間的關係並非線性的。這意謂著，一個元件與它在大型複雜系統內的角色之間，並沒有一對一的相應關係。

此外，我們無法從系統本身推論出元件之間的關係。小小的擾亂也許一時半刻不會造成影響，卻可能在另一個時間點發生導致面目全非的巨大災難——這就是糾結系統的難題所在。規模推廣的新創模式在線性系統中可以運作順暢，但在非線性的糾結系統中，就很容易發生可怕的崩壞，因為簡單的輸入很少會帶來可以預知的輸出結果。

野豬災難

以美國西南地區鄉間的野豬為例。這種獵食者的攻擊性強、什麼都吃，還長著七英吋的獠牙，可以把肉撕開。牠一直在鄉間地區造成生態的破壞，沒有什麼可以制止牠那爆炸性的數量成長和毀滅力量。牠聰明得能騙過獵人和野生環境保護員，因此對於追求強大挑戰的獵人而言，牠成了可畏的勁敵——這或許就是野豬為什麼突然在南部幾個州大量繁衍的緣故。

概略檢視這些侵入性豬種的棲息地就會知道，牠們隨意的定居形態，最有可能是獵人釋放豬隻進入野地所導致的結果，這些地方都不是牠們本來的棲息地。豬的高智商和難以捕捉，使得獵豬成了一件恐怖戰慄之事，因此美國的獵人一開始就把牠們引到了野地。

如今專家估計，野豬的總數在兩百萬到六百萬之間，散布在三十九個州。牠們的繁殖力驚人，一頭母豬一年可以生到二十四頭豬仔。而且除了獵人以外，牠們沒有面臨任何已知的天敵。

最重要的是，由於這個侵入性物種的繁殖，整個南方由人類打造與自然形成的生態系統，健康與彈性適應性都飽受著威脅。「野豬破壞了土壤、泥流和水源，可能也造成魚類死亡。牠們踏壞了原生植被，讓入侵的植物更容易取而代之。野豬吃掉了為家畜準備的食物，有時連家畜也難以倖存，尤其是羔羊、小山羊和小牛。牠們還吃掉像鹿、鵪鶉等野生動物，又享用了瀕危的海龜的蛋。」[2]

雖然組成野豬族群的各個物種已經存在好幾個世紀，但是直到一九八〇年代，野豬的數量才激增起來。[3]侵入性的野豬每年造成了全國估計十億五千萬美元的損失，而獵人和魚類暨野生獵物局的官員對於控制野豬的數量顯然束手無策，他們對野豬的詭計多端、巨大數量以及超強繁殖力毫無辦法。

在過去，這些獵人根本無法預見這個結果：為了狩獵運動而釋放幾頭野豬，竟會打亂生態的平衡，正如流傳在西南部當地的一句俗諺：「人分兩種，一種是已經遇到野豬的人，另一種是將來會遇到野豬的人。」[4]

野豬災難正好呈現出糾結無解的系統之易變無常，小小的輸入可能爆發規模失控的後果。甚且，這些糾結無解的系統也包圍在我們四周。面對繁複而由人工打造的系統，我們或許有能力拆解成較小的構件而一探究竟，但一個糾結無解的系統卻對抗著邏輯，以及手段—目的的理性計算。

兩難

這個世界的一切善心美意，都無法將繁鉅而糾結的系統轉變為可以預測的系統。這樣的症候群，李特（Horst Rittel）與韋伯（Melvin Webber）曾經論述過，並在一九七三年那篇影響力逐漸提升的〈概括策畫理論的兩難〉（*Dilemmas in a General Theory of Planning*）中作了巧妙的描述。他們創造了「棘手難題」（wicked problem）這個詞，來表達一種新型而無解的社會糾結狀態（wicked一詞指錯綜複雜至於浩繁難解之意）。

他們面對專門籌謀策畫的新興階層，勾勒出這些浮上檯面的「兩難」。這些棘手難題例如槍枝暴力、交通堵塞或貧窮，都具有一種令人憂懼的特徵，那就是我們試圖加以解決，但問題似乎變得更嚴重，而且彷彿永無止盡。典型的狀況就是，每道棘手難題都是另一個棘手難題的症狀所在。

打個比方，健康不良是貧窮學校的一個症狀，貧窮學校又是長期低就業的症狀，長期低就業是高犯罪率的症狀，高犯罪率是高暴力行為的症狀，而暴力氛圍的鄰里又跟健康不良的後果呈現了相關性。這種棘手難題環環相扣，我們要處理犯罪，怎麼能不注意經濟機會？但就業市場的經濟機會又要求高教育水準，我們又該怎麼處理？

策畫者面對的諷刺就在於，他們確實解決過許多十九到二十世紀期間、那些困擾著已開發國家的城市難題，他們以系統組織和條理井然的策畫，根除了二十世紀早期大部分的城市病症：鋪設好的道路讓各區域得以互相連繫，住宅計畫讓貧窮族群有棲身之處，現代的用水與下水道系統也消除了疾病，而公立學校教育讓孩子有機會可以攀上經濟的階梯。那麼，在那之後發生了什麼事？一言以蔽之：糾結而無解。

問題的性質改變了，從可處理、可預測變成了不受控制而棘手無解。過去的挑戰往往折服於深思熟慮的理性解方，如今不再如此了。問題已經產生相變，從曲折複雜而變成了糾結無解，造成了意料之外而難以掌控的特質或作用，再也無法像早年那樣平順解決了。

換言之，隨著系統規模的變化，它們出現了前所未見的行為和作用。多種因素造成了這種新局面，但有三項因素跟此處的討論尤其相關。

第一，社會脈絡中的系統出現了始料未及的社會效應。也就是說，不同社群的需要、欲求、條件能力、政治信念、資源和機會……混亂勾纏在一起，簡單而直接的介入方法是行不通的。對某一群人奏效的作法，也許對另一群人就沒有用，因為這些社會系統失去了疆界，變成「開放性」的，而彼此之間又有衝突。

第二，二十世紀早期的挑戰，是要求策畫者**發揮作用**，但是新的問題卻要求解決方式必須因應受影響社群的需求，而給予**應得的報償**。一九六〇年代晚期陰影下的策畫者都記得，當時各種不同的權益運動（性別、種族、性取向）都主張，在過往的歷史中，正義的規模是偏向某一特權族群的，因此態勢應該被改變。

然而，在統治核心的白人男性菁英看來正確而公平的問題解方，對於如今逐漸興起的賦權者來說卻不見得如此。例如羅伯・摩斯（Robert Moses）或許會覺得，開一條快速道路穿過南布朗克斯區（Bronx），讓那些有錢的開車通勤者前往綠意盎然的康乃迪克州郊區是個極具意義的計畫；但為了建造橫越布朗克斯的快速道路而徵收猶太人或非裔美國人居民的居住地，對他們肯定是不公不義的。

第三，傳統的策畫都假定說，策畫人可以站在系統之外，用一種全知而鳥瞰的觀點俯看系統，但沒有任何專家真的擁有這種優勢視角，或者超然獨立於他們所要觀察的那個系統。「專家也是政治遊戲的玩家，」李特與韋伯說，「想方設法要說服別人接受他們自認為對的看法。策畫就是政治的環節之一，誰也逃不出這種自明之理。」[5]

在他們看來，二十世紀後半期纏擾著他們自己的「戈爾狄斯之結」❶），完全找不到下手處可以解套。所謂的專業策畫人，他們所號稱的知識向來只有半瓶水，也只實現了小小一部分參與者的價值。

自從李特與韋伯一九七〇年代早期的這篇論文以來，糾結無解的系統讓事態更嚴重了。當這個世界變得緊密相連，繩結就更加複雜難解。難題纏繞在一起，甚至每一條線繩都沒有明顯的開頭、中間或結尾可以順著理下去。這世界的難題已然無法找到出路了嗎？我們每天所涉足的社會、科技及環境系統，是否太過紛亂，連整理都沒辦法了嗎？我們該如何從這個深不見底的困境中走出一條路——或者，換個方式說，面對糾結無解的局面，你我該如何行動？

系統就在我們周遭，到處都是，有科技方面的（電信系統）、社會方面的（交友網絡），以及環境方面的（流經城市街道的雨水）。它們的規模大至全球（網路或天氣），小至當地（一座堆肥或一輛車子）。系統由彼此相連的元件組成，集結起來展現出行為和作用，有時候甚至展現出更高的目的。

就系統來看，整體更大於所有部分的總合。生態思維的興起促使我們意識到人類在全球的生態中扮演關鍵角色，而非不必承擔責任的一分子。這番啟發讓我們幾乎不可能

❶ 譯注：戈爾狄斯之結（the Gordian knot）是一個沒有繩頭的繩結，象徵著常規方式無法解決的難題。後來亞歷山大大帝遇到這個繩結，便舉劍一劈而解開了難題。

只去注意事物、過程與現象，而不去關切它們所屬的系統。這說明了我們為什麼不時會讀到或聽到「破碎的系統」這個詞語。事實上，我們對系統已經了解得很清楚了，但系統的行為作用卻仍然是個謎。

如今的現象是，人的系統與自然系統的交互作用是永無止盡的複雜難解，而且違反直覺。例如農業或動物養殖代表著人類一直在對抗難以預測的生物系統，這番纏鬥還要加上科技系統的推波助瀾。現代科技系統已經達到全球化的規模了，並且有能力在一瞬間就傳送出多種模式的訊息。於是，我們開始了解為什麼我們的難題變得如此棘手。

我們總是收集最好、最聰明的辦法，來解決最大的難題，但解決辦法往往造成了更大的危害。比方說，我們從白熾燈換成輕巧的日光燈，再換成發光二極管（LED）燈泡，讓能源效用有了巨大的提升。然而，如今發光二極管照明因為造價低廉，安裝與使用率全面增加，結果，全球的光害量也在突然間升高了。[6]

非線性的、糾結無解的系統並不依照改變而產生合乎比例的反應。小小的輸入可能導致大崩壞式的改變（比如說，來自其他水體的一丁點水藻，可能變身為足以殺死一整座湖生物的藻華❷），而大量的輸入卻只形成無足輕重的影響（想想祖克柏投入了大筆資源給紐華克的學區）。面對這番不合邏輯而不可預測的局面，我們的任何行動或許都會導致不對等與不相稱的回應。因此，我們很難對一切事物不感到麻木或無奈。

槓桿視角

「不確定性」與「糾結無解」這兩個孿生惡魔並非無法超越的阻礙，只是我們要做的不光是運用更強大的力量——不是拿更大的鎚子去對付更大的難題——而是要有新的心態以及全新的視角。

唐妮拉·梅多是個腦袋靈活、甚至是位富有詩意的系統思想家，她所抱持的立場是：系統——即使是糾結無解的系統——都是有槓桿點的，或者存在著內部的機會。藉由槓桿點施加壓力、力量、智力或資源，就可以從根本上把系統推向更理想的行為作

❷ 譯注：藻華現象是藻類在短時間內過度繁殖的結果，有些藻類會產生毒素，危害到所有食用藻類的動物。地球暖化、海洋汙染都可能加劇藻華現象。

用。每個槓桿點都像比例縮放視域那樣提供了不同質性的機會，而將系統緩緩推往更良性的方向，就如同針灸師靈巧地施針在受苦的病患身上。

不過，在我們策畫、控制及管理系統時，還是有些潛伏的危險存在，因為系統有著很強的非線性特質，不會輕易折服於這些作法。「命令與宰制」的心態正是機械世界觀遺留的產物：如果我們用對了力量或智力，我們就能夠操控自己要的系統狀態。就好比替換電路系統中的老舊保險絲，然後每件事情又可以流暢地運作下去。

一如伊姆斯夫婦的全景攝影機，我們總會不自覺把自己對某個狀況的所見所聞等同於那就是客觀的看法，並且以為造成改變的正確行動就是那種看似不證自明的行動。但若事實果真如此，那麼我們根本不會遇到棘手的難題。

我們必須更深刻的思考關於知識本身的問題：「我們永遠無法充分認識這個世界，因為使用那些自以為是、化約論式的科學方式是做不到的。我們的科學本身，從量子理論到數學的混沌理論，都讓我們看到了不可化約的不確定性，而如果你無法理解、預測及掌控，那還有什麼可以著手的？」[7]儘管我們有想要操控系統的欲求，但糾結無解的系統天生難以駕御，不受制於這些控制框架。每個難以打破的糾結系統和棘手難題，其核心都是徹底的不確定性，糊成了一團。

我們如果不希望敗給規模和糾結無解的局面，就必須採取類似禪修態度的涉入及參與，以及主動的同聲相應。我們應該尋求的不是對系統的掌控，而是更高度的察覺。「我們無法控制系統或真正摸清楚它們，但我們可以與之共舞！我曾經從急流皮艇運動之中、從園藝之中、從演奏音樂、從滑雪運動中，學到如何與強大的力量共舞。一切的努力都要求我保持高度的清醒，集中注意力，全心參與，並且對反饋有所回應。」[8] 唐妮拉·梅多這麼說道。這每一項活動，都是在動態的拉扯中投入了心靈、身體與感官。

同聲相應並不是要我們目不轉睛緊盯著電腦螢幕；它是在身心協調中再次肯定了身體的優位性，這個方法讓人更謙卑、更充分地擁抱糾結無解的局面。這是對著局面打開了身體、心靈與感官。

並沒有一擊即中、簡單可行的神奇答案。此時此刻，糾纏不休的系統看起來更像一門生物學，而非物理學；更像環環相扣的生態系統，而非電路接線圖或電腦程式碼。這是個不同的入手角度，它體認到對於規模和糾結無解的局面，必須要有新的替代性策略。我們必須耐心地一次次參與，並在微細處多加留意。

這是一種由某些失敗混合著某些成功的過程，往復循環（解決與再解決，設計與再設計）[9]，由此而來的數據和學習將激發我們找到往前的軌道，在過程中不斷重複、反饋及調適，探測與退後，檢驗與反省，謙遜與鼓舞，傾聽與行動。

這種循序漸進的方法讓每次接下來的往復都減少了錯誤，而增加了向前的動能，邁向某種（雖達不到、但讓人夢寐以求）穩定狀態。或者，以古希臘哲學家芝諾（Zeno）的詭辯說法就是：永遠到達不了目的地，但至少更接近了一點。

但由誰來進行設計呢？不可以只由專家來做，而必須是我們全體。在此，鷹架模式扮演了要角：我們必須充分投入一個設計良好的程序，它鼓舞了全體參與，仰賴在地智慧來對抗那些遠在天邊的專家。當改變系統的自主性、能動性和能力條件都回歸到我們所建立的系統使用者手上，我們會發現，系統的行為變得更有層次差別、而且更有反應。

由專家所操控、由上往下的問題解方是堅脆易折的，它們並不賦權，只會綏靖安撫。而鷹架式的取向則能夠把所有人都連結起來，成為有智慧、有反應的參與式建立者，因而產生了彈性適應。我們必須開創環境條件，以靈巧地運用開放性、包容性、同聲相應和新的參照架構，並且一再地進行設計與再設計。

一個小型、靈敏、不斷自我重複而漫無目的的設計，也許不必然讓糾結的系統朝正確的方向更快速進化，但至少，它自我修正的走向將會克服蠢動，而不會對著系統強推一把……而且還是錯誤的方向。

漢斯・莫德曼（Hans Monderman）這個人是最稱得上「名流」的交通工程師了。二〇〇八年，六十二歲的他死於癌症。在那幾年間，他在交通工程方面的那些溫和而非正統的想法正在都市計畫領域活躍著，甚至滲進了文化界。有關他的專訪刊登在《威爾遜季刊》（*Wilson Quarterly*）、《連線》、《紐約時報》和《衛報》等媒體。

莫德曼經手的建築工程並不多，但他身為荷蘭的傑出交通學者，在交通界名聞遐邇。他的觀點是小小的擾動，可以引發巨大的效應。為了證明他的交通設計既安全又能運作，莫德曼經常帶著訪談者徒步走一遍他的設計作品，這時他會表演一個小把戲：閉上眼睛，倒退著走回他重新設計的交叉路口，而他總能毫髮無傷的回來。為了解釋原因，他用這種方式來證實他的想法是有效的，他讓我們得以與系統共舞。

就像多數的工程，交通工程也是以相當線性的方式在進行。難題解方複雜度通常會因應著難題的規模而攀升。荷蘭的小鎮德拉赫滕（Drachten）人口約四萬四千，二〇〇一年，該鎮雇用莫德曼來處理鎮中心某個功能不彰的交叉路口，這個路口曾發生車禍而

荷蘭，德拉赫滕的交叉路口（前）。Eddy Joustra攝影。
斯馬靈赫蘭（Smallingerland）自治市版權所有。

死了兩個小孩。

社會式行為

在一個城鎮中，交通緩慢是常有的事，意外事故也不少見。而交通工程師的典型反應就是增加更多清楚的告示、更具管理作用的停止／行進號誌，以及設置繫柱和道路邊欄作為保護，把駕駛人與行人區隔開來。換句話說，如果你遇到更大的難題，你就需要更大的鎚子。

然而，莫德曼卻採取了不同的方式：他幾乎移除了交叉路口上的每件東西，也撤走了所有告示牌和停止／行進號誌。他讓飲食攤和行人更靠近街道，又移走了邊欄，設置更多的公共藝術作品。對交通混亂的路口作了這番徹底的改造後，交通流量提升了百分之三十，而意外事故卻降低了百分之五十。

莫德曼換了一種架構來看待情況，他的思考不是站在工程師規畫的層次，而是個別駕駛人的層次。他也接納了其中的不確定性。他了解到，某些狀況下，賦權給別人在糾結無解的狀態下找出路，會勝過牽著他們的手來通過。莫德曼的哲學後來被稱作「共享空間」，他不是從汽車和交通系統的角度，而是從行人和駕駛人的能動性，來重塑交通。

我們可以說，他的思考視域是十的一次方，而非（比如說）十的三次方。或者，用莫德曼自己的話：「如果你把人們當白痴，他們的行為就會像白痴。」[10]他很清楚一件事：過去的交通號誌和告示逐漸把駕駛人變得像個被動的參與者，這些參與者依賴著周遭那些家長作風的基礎設施來行動。順著這套邏輯，更大量的交通就意謂著需要更多基礎設施，而也會製造出更多被動駕駛人，然後帶來更糟的結果。莫德曼的目光從汽車轉移到了駕駛人身上，他讓駕駛人與行人在交叉路口的舞會上處於對等地位，並讓他們成了主動的協商者、而非被動的遵守者。

莫德曼把交通看作兩個不同層次的運作。如同范德比爾特（Tom Vanderbilt）所言：「莫德曼預見的是雙重宇宙。一個是高速道路上的『交通世界』，標準化而同質性。這個世界有著高速行進時仍可清楚辨識的簡單指示。另一個是『社會世界』，這是人們生活的世界，藉由人性化的信號，以人的速度來互動。他之所以不要在德拉赫滕的鎮中心或者任何地方設立交通設施，理由很簡單：『我不要交通式的行為，我要社會式行為。』」[11]

莫德曼盡可能移除了告示牌，還在交叉路口添設了一座綠草覆蓋的鐘，讓行人和其他人直接跟車子產生空間上的衝突。他指望駕駛人和行人能調節自己的作法，從被動遵守那些控制性規則，轉而為了共享空間而主動協商。

莫德曼知道，如果雙方都被賦權，他們便能更有效率地在交會中找出可行之道，而不必受制於那些傳統上由高層發布下來的交通規則。莫德曼鬆開了控制，把能動性轉移到駕駛人和行人的層次，這麼做等於冒著混亂與不確定的風險。但他也臆測到，出於雙方互動的需求，視覺和社會性的主動信號會編織出一支舞來，而這確實發生了。

荷蘭，德拉赫滕的交叉路口（後）。
Ben Behnke攝影，《明鏡》（*Spiegel*）。

拿這個作法來對比一個較小且流量較低的交通圓環，那是在新罕布夏州的康科德，這個城鎮人口只有四萬。這裡的交通工程師選擇在一個寧靜的住宅區安裝二十七個交通號誌，以協助摩托車騎士和行人通過某個不太討喜的圓環道路。[12] 莫德曼的想法已經擴散到了荷蘭的其他城鎮，以及德國、瑞典和英國，效果同樣成功。[13]

莫德曼對交通的重新思考依循著三個主要策略：從規模的角度來思考；接納不確定性；以及，把身體與感官拉回場景之中。為了做到這些，他建立了一座鷹架或平台，讓駕駛人和行人可以共同創造遊戲規則。

圓環道路。新罕布夏州，康科德。

傳統作法會以為，所有技能和知識都在交通工程專家身上，唯有靠他們良善地運用智慧才能解決問題。莫德曼反其道而行，他體認到分散式的能動性和問題解方是訴求於個人層面，而非行進車輛的層面，這樣的解方將營造出不同的條件而產生更佳的效果。這個方法奏效是因為，他所重新設計的系統（或反系統）賦予了行人和駕駛人權力，讓他們在交通圓環的舞步中投入了自身全盤的感官。

假使臉書或Google創立了一個系統，讓我們可以投入參與隱私設定機制，那麼臉書或Google會變成什麼樣子？假使我們建立一些規則，讓學生有權去打造自己的學習環境，而且那些規則本身還會自我優化而變得更聰明，那麼我們的學校體系會變成什麼模樣？假使我們從專門的政策制定者手中拿走控制權，並想像一種框架，讓所有人都有自己的角色可以扮演，又擁有造成改變所必須的反饋迴路，那麼，我們對於氣候變遷的反應會有什麼不同？

我們面對大規模和糾結難解的局面之所以麻木無感，並非因為我們的工具沒有作用，或者沒有能動性——這都是假象。我們目前已經建立的系統從我們手中奪走了能動性，同時，系統的監管者也讓我們以為解答都在他們手上。由上往下、堅脆易折的系統卸除了我們的權力，儘管在某些狀況下，是我們漫不經心地把權力讓渡了出去。

處於邊緣地帶的廣大群眾，他們的智慧遠勝過身處中心位置的專家。而且，在地的層次更能夠直接面對難題，而只要難題的解決經過了分享而回歸到不斷重覆及調適的過程，就會有更多能力條件來解決事情。我們必須拿回這種能力條件，並運用它來達到目的。

「參與式的預算編列」運動，就是把編列預算的決策權從官僚專家的手中拿了回來，並交給直接受到影響的那些人。誠然這樣的過程需要某種設計上的專業，但設計者只要建立足夠用的基礎設施，讓直接受影響的人們可以共同地、一再地找出優先順序……並且面對面來進行。排除中介過程並非目的，最終的目的是接納不確定性、人人彼此交涉，與混沌共舞。莫德曼的作品讓我們體驗到了，當我們彼此起舞——倒退而行且閉上眼睛——而進入糾結無解的深淵，會是一個怎樣的景況。

09

在場感

✦ 地圖寓言

✦ 循著尺度深入思考

所有模型都是錯的，但某些模型有用。——喬治．巴克斯（George Box）1

我們在電腦前瞇眼盯著視窗、把檔案拖放移動，又在文件和表格程式上修修改改。這一切對許多人不再涉足的一種工作型態，都成了視覺上的隱喻，而這個情形彷彿再也不是什麼新鮮事。此外，我們或許還會納悶不解，為什麼這個世界的其他部分都不像電子和畫素那樣簡單明瞭，按照我們的意志來走。

我們打造了一面數位之鏡（姑且這麼稱呼吧），映照著我們工作與休閒娛樂的環境。我們耗費了數不清的時間「沉浸」在數位空間，不過其實我們身處鏡外，正往裡面窺探著。我們的雙肩萎靡不振，頸脖前突，手指在鍵盤和觸控板上飛掠，而我們集體打造的這個一瞬而逝的新世界，就這麼夢想成真了。

處於這個環境對我們身體與心靈所產生的作用，經過一段時間之後就會顯現出來。我們好像第一批太空人，志願投入一個結局開放的旅程，航向網路空間的邊沿。這一片新的疆土適用新的規則：在螢幕上，一個百分之百的信件尺寸文件是5.5×8英吋大小，而一張海報與一張郵票則看不出大小的差別。

儘管數位環境的特質既新奇又夢幻、讓人充滿力量又吊人胃口，我們卻還沒有真正地熟悉適應。物理法則好像不太適用了，在這個非物質的世界，我們跟事物形貌和規模的關係仍然在演化中。

尺度不單是衡量事物的工具，這點現在應該昭然可見了。為了更了解尺度，我們已經深入了它的內部運作，揭開了其中隱藏的新邏輯。我們發現自己身陷於非物質的纏擾，而這些困境永遠不會消失。我希望我們現在已經看清尺度的面目：它是一個框架，讓我們能夠探索這些纏擾；它也是一個工具，讓我們藉以清晰說出一種新的可能性。

在真實世界與我們自己所定義並呈現的世界之間，一直有個差距。所以，我們所建立的數位世界並不總經得起仔細檢視，這點不足為奇。照片、繪畫、繪圖乃至地圖，都以奇詭成趣的方式吸引我們進入那個縮小版的世界，誘使我們無視於它們所展現比例巧妙的手法。

波赫士所撰寫的一篇小故事〈嚴謹與科學〉，只有一百五十五個字（英文譯本）。我們模擬繪製了這個世界，以及在知識系統內建了尺度的吊詭之處，在這一篇故事中都被召喚出來了。就如同波赫士的許多作品，這篇作品彷彿是一則來源不詳的斷簡殘編，被夾在一本圖書館裡塵封的舊書頁之間，吸引了我們的注意。為了強化這種感覺，波赫士用簡略的方式來敘述，彷彿我們已經跌進了一段正在進行中的故事：

……帝國的地圖繪製技術已臻完美，一個行省的地圖蓋滿了一整座城市，而帝國的地圖則覆蓋了一個行省。最後，那些荒謬無據的地圖不再滿足人心，於是製圖師工會畫出了一幅帝國地圖，尺寸就跟整個帝國相當，點對點逐一相符。

後來的世世代代不再像祖先那樣熱衷於製圖研究，覺得那幅地圖龐大而無用。於是懷著那麼一點冷漠無情，把它丟向了惡劣的烈日與寒冬。直至今日，西邊的沙漠還有那幅地圖的斷卷殘片，被野獸及乞丐用來作為遮蔽物。而整個國土上，不再有其他地理學的殘留之物了。

——蘇亞雷·米蘭達，《智者的旅行》第二集，第四十五章，一六五八年。2

這篇詩意的極短之作偽裝成一本大書《智者的旅行》（*Viajes de varones prudentes*）裡的片段，足跡遍及想像中的萬里疆土，把我們夢想中那個如實認知的世界有力地拆成了碎片。

地圖寓言

波赫士藉用地圖的寓言顛覆了這個想法：我們用來模擬繪製世界的方式，能夠完美貼合於我們對真實世界的全盤體驗。事實上，無論是文學、電影、繪畫、詩歌、音樂、舞蹈，甚至語言，這些方式對於活生生的體驗而言全都是第二序的逼近，或是簡化過的抽象表現。它們並不是、也無法以「點對點」的方式來捕捉真實世界，那麼做等於是在效法帝國製圖師的妄自尊大。

凱西・塞普（Casey Cep）寫到文學作品裡提到地圖的誘惑力時表示：「皇帝的這幅地圖在文學上的等同物，會成為這世界上每個人的傳記，或是把每一天每一分鐘的每一秒都寫成小說。但文學就像一幅地圖，唯有在篩選與縮小中才能獲取力量。」[3]

換句話說，模擬繪製的功能如同對於真實世界的一種比例模型。它分享了真實世界的性質和特徵，甚至看起來和感覺起來就像真實世界，但它永遠不能妄想取代真實世界的豐富性。在地圖與真實世界的差異程度中，在承認比例模型或縮小圖版永遠有所或缺的當下，我們或許會發現其中的美感、甚至人性。但是，事物本身與其模擬描繪之間的差距，可能存在著一個神奇世界，或者說，人們所經驗的世界。

那麼，我們全都在地圖裡迷失了，完全逃不開嗎？地圖範圍還超過了江山領土嗎？我們「西邊的沙漠」裡，沙地陷落於腳步之下，沒有任何穩固的地基。炙熱的沙地反射著日光，模糊了視線，綠洲只是海市蜃樓。沒有標示、沒有路牌，那就好像迷失在一片平緩而毫無特徵物的的地景之中，而一具人形就這樣溶入了背景。

對（本書第三章提到的）麥克里斯多將軍而言，調度部署用的地圖，肯定比打勝仗還要重要。我們對於這個世界的掌握，借用語言學的詞彙，就是表意符號建立在表意符號之上；或者以一個神話故事來比喻，就是海龜站在海龜的背上，就是這樣無窮地延續下去而形成的。這便說明了尺度為何是這麼一個關鍵性、有待與之拼搏的概念，它藏身於我們所認識的世界核心；但它也滑溜閃躲，難以掌控。

尺度原本是衡量事物的工具，由此轉變為我們採取行動的框架；它從作為系統變革的催化劑，轉變為將形體錨定在背景中的一種工具；原本是令人莫衷一是的挑戰源頭，轉變為模擬繪製本身的血肉核心。

如果科技和網路的轉變，正在使比例和度量衡脫離人的經驗，並且讓經驗在數位網路中產生拗折和扭曲，那麼我們應該如何調適？二十世紀早期那種可認識的、機械式的紛亂一直在演進，如今早就成了混沌一片的網路，以及資訊流動的生態系統，但這並不意謂著我們就應該像盧德主義者[1]那樣，拒絕我們一手建立的糾結世界，或是老是在為純真年代唱哀歌。

在圖形使用者介面發展出來的早期，設計師加弗（Bill Gaver）開發了SonicFinder，這是給蘋果電腦使用的一款聽覺介面，用聽覺的「重量」來標識檔案的大小[4]。這個介面的概念很簡單，使用者如果選取了一個較小的檔案，它便接繼發出較高的聲音，較大的檔案則發出較低沉的聲音。這個介面甚至依據驅動器或硬碟上所餘的儲存空間大小，而反饋出不同的音高。

這條無人之路令人好奇之處在於，它以一種微不足道的方式在向我們顯示，規模大小是在什麼情況下終究**離開**了我們的介面。一個百萬位元的檔案，在視覺或知覺的「重量」上，為什麼無異於十億位元的檔案？我們對於規模大小抱持著心不在焉的態度，因而失去了重要的感知能力。

第一代的電腦輸入裝置是打孔卡，此後程式設計師開始藉由命令列來控制手動式電腦程序員所能做的事。而從命令列的介面進化到圖形使用者介面，正是一次典範式的轉變，把現代電腦的操作帶向了大眾指尖。檔案、桌面及資源回收筒之類的視覺比喻，把

---

❶ 譯注：盧德主義者（Luddite）是十九世紀英國民間的社會運動者，致力於對抗工業革命，反對紡織工業化，經常破壞紡織機。後來，反對新科技的人也被稱為「盧德主義者」。

腳本（script）和命令的陌生語言都轉換成了拖放式環境，模仿著我們過往所熟悉的工具。

這些介面和空間的開發者，經常取用物理學法則，但並不是每次都這樣。如今，隨著我們一股腦兒擁抱虛擬、擴增而混合的實境世界，又將產生新的可能，而把人的身體及其可用功能（affordance）嵌回到非物質性的纏擾之中。

這不應該是把仿真式的介面作為展示風格的技術而捲土重來，把數位世界中的經驗固定在我們熟悉的狀態（例如，在數位日曆邊緣設計了模仿皮革的裝飾，或者一個鼓起來、帶有金屬斜角和陰影效果的鈕扣），我們反而應該體認到，我們必須找到辦法，讓搜集與處理資訊的工具連結到雙眼、雙耳及指尖以外的事物。

此外，我們還必須留意，我們因為重新設定了尺度，而對於自身思考及行動的能力造成了怎樣的損害。二〇一二年，一名「宜家家居」的設計師拋出了一枚震撼彈：宜家圖錄上的產品照片中，有百分之六十至七十五的照片是完全由數位繪圖技術繪成的。換言之，那些並不是我們過去認知的照片，而是超寫實的、由電腦製造的模擬影像。當我們再次調整而卻不再信任自己的感官時，我們也發現自己掉進了不可靠的陷阱裡。

記者威爾遜（Mark Wilson）這樣描述宜家的魔法：「本質上，宜家是以真實世界的規格在創造數位家具。」[5]我想，這一點應該足夠清楚了：「真實世界規格下的數位家具」是一種修詞，違反了邏輯，卻充分掌握了我們當下的詭異情境。

循著尺度深入思考

循著尺度深入思考是一種方法，當我們航行在新的背景，它再次肯定了形體——人的身體及感官——的深度重要性。它同時是一種倫理學（借用亞里斯多德的詞語），或是把智慧適當運用到實際層面的方式。[6]這種思考是一種解套脫結的辦法，但它也把形體重新連結到數位背景之中，把公民重新連結到周遭的環境。

四處相連的網路數位經驗以出乎意料的方式重塑了我們的感官。在計算機運作的早期，程式設計師用來指稱人體的詞語是「肉」（meat），這削弱了人體對於這個全新知覺環境的關連。因此，我們必須重新設計的是**在場感**，或者重新設計我們的能力條件，以便更飽滿地處於數位及物質這兩重空間——這或許是我們尚未充分領會過的。

循著尺度深入思考，有助於我們看清一件事：我們必須重新調整自己的在場感，我們必須發揮想像力，以更有效及更有創意的方式，將身體及社會自我重新連結到數位的背景結構。

就像本書第四章提到的，歐伯戴克夫婦藉由不斷念誦大量數據，把生命又灌注進了數據之中，這促使我們發現，人類的機械發明正以毀滅性的方式助長著暴力與種族歧視。本書第八章提到的漢斯・莫德曼則直接面對了混亂，他把人的身體與汽車放在同一條路上，讓我們冒著風險去找出雙方共存共榮的方法。

我試圖透過尺度的概念，企圖讓人類智慧施用於實際層面，於是提出了一些策略，企圖讓身體感官與非物質的纏繞背景這兩者間千絲萬縷的關係重新連接起來。

就像大衛・麥坎德勒斯和卡拉・沃克，我們可以藉由形象與故事阻擋那種非人性的漂流走向計量式的抽象概念，以及更大更大的數據；而借鏡於伊姆斯夫婦，我們可以發展出一套層級倫理學，切開自我面對糾結無解的麻木無力，並體認到我們的確有替代性的作法，即使我們第一眼還認不出它來。

開放原始碼的社群啟發了我們設計出鷹架來支撐眾人的觀點和經驗，而不只是成就少數狹隘的專家之見。但最重要的是，我們必須抑制衝動，不要老是想著控制或壓制我們所面對的一片混沌。我們必須在同聲相應、對話、反饋與彈性對抗的動態舞步中，學習接納糾結無解的系統。

人造的魔法、奇跡事物及那些看不見的事物，一直圍繞在我們身邊，包括無線電、手機和Wi-Fi網路，活躍的電波無時無刻朝我們撲來，更不必提美好往日的用電——而我們甚至毫無所覺。這些東西輕輕鬆鬆、神乎其技地讓我們的環境活躍了起來，雖然我們或許還未充分了解它們對於大腦和氣候造成的影響。或許在未來，人類的感覺中樞會進化或擴展到適應這個新的水平線，那時我們也許能夠攝取數據、聞到魚一般的網路氣味，並且透視糾結無解的狀況而看見真理。

尺度有驚人的內在運作機制，它可以折損工具，也令我們惴惴不安。尺度有獨特的性質和形態，就像糾結無解的狀況。同時，它也產生了顛覆、動搖而令人驚愕的情境。

我們沒辦法迫使規模現象去屈從我們的意志。在電子時代以前，我們的身體相稱於這個世界，情況相對來說是可以預測的；但這些都是過去式了。從工業演化到資訊，從原子轉變到位元，纏繞糾結的網路令人迷惑混亂，而在整體上重塑了我們的能力條件，讓我們的舊地圖失去了用武之地。

書中這些用來呈現「在場感」的策略，也許有利於我們在迷霧中重新定向。它們並非解方，而是循著尺度來進行另類思考的途徑。這麼一來，我們對於規模及其趨勢走向的因應調適必然會更加的精準而細緻。我們永遠無法主宰規模的變幻無常，但我們可以更加接納它們，把它們那種令人不安的邏輯納進我們的行為策略，打造一個全新的可能。

參考資料

引言

1. Cal Newport, "Is Email Making Professors Stupid?" *Chronicle Review*, February 12, 2019, https://www.chronicle.com/interactives/is-email-making-professors-stupid.
2. Michael M. Grynbaum, "Even Reusable Bags Carry Environmental Risk," *New York Times*, November 14, 2010.
3. Dale Russakoff, "Schooled: Cory Booker, Chris Christie, and Mark Zuckerberg Had a Plan to Reform Newark's Schools. They Got an Education," *New Yorker*, May 19, 2014.
4. Michel Foucault, *The Order of Things: An Archaeology of the Human Sciences* (New York: Vintage Books, 1970), xv.

第一章　嚴謹與科學

1. *This Is Spinal Tap*, directed by Rob Reiner, USA: Embassy Pictures, 1984.
2. Jim Dykstra, "What's the Meaning of IBU?" in *The Beer Connoisseur*, February 12, 2015, https://beerconnoisseur.com/articles/whats-meaning- ibu.
3. "What is the Scoville Scale?" Pepper Scale, https://www.pepperscale.com/what-is-the-scoville-scale/(accessed December 17, 2018).
4. Sarah Lyall, "Missing Micrograms Set a Standard on Edge," *New York Times*, February 12, 2011, https://www.nytimes.com/2011/02/13/world/europe/13kilogram.html.
5. Quoted in Robert P. Crease, *World in the Balance: The Historic Quest for an Absolute System of Measurement* (New York: W. W. Norton, 2011), 131.
6. Crease, *World in the Balance*, 119.
7. Bureau International des Poids et Mesures, *The International System of Units*, 8th ed. (Paris: Stedi Media, 2006), 112–16.
8. 在本書完稿之際，二〇一八年的國際度量衡大會（General Conference on Weights and Measures）於該年十一月十六日宣布，在使用了一個世紀之後，鉑銥公斤標準將走入歷史。自二〇一九年五月二十日起，取而代之的是正式公斤將由一個普世可行的物理標準來定義。「公斤的符號kg是質量的國際單位制單位。其定義方式是在以單位J s表示時，將普朗克常數h的數值固定在6.626 070 15 × 10-34，等於kg m^2 s-1，和公尺與秒的關聯以c和Δ ν Cs進行定義。」Brian Resnick, "The World Just Redefined the Kilogram," Vox, November 16, 2018, https://www.

vox.com/science-and-health/2018/11/14/18072368/kilogram-kibble-redefine-weight- science.
9. Crease, *World in the Balance*, 38.
10. "Member States," Bureau International des Poids et Mesures, http://www.bipm.org/en/about-us/member-states/(accessed December 17,2018).
11. Crease, *World in the Balance*, 96.
12. Bureau International des Poids et Mesures, *S.I.*, 112.
13. Crease, *World in the Balance*, 223.
14. Kern Precision Scales, "The Gnome Experiment," http://gnome-experiment.com (accessed May 1, 2019).
15. J. C. R. Hunt, "A General Introduction to the Life and Work of L. F. Richardson," in Oliver M. Ashford, H. Charnock, P. G. Drazin, J. C. R. Hunt, P. Smoker, and Ian Sutherland, eds., *The Collected Papers of Lewis Fry Richardson*, vol. 1, *Meteorology and Numerical Analysis*, gen. ed. P. G. Drazin (Cambridge: Cambridge University Press, 1993), 8.
16. Geoffrey West在其講述尺度物理法則的重要著作中這麼說道：「引用某個被測量的長度的數值，而沒有提到用來測量的尺度，這麼做通常是沒有意義的。」Geoffrey West, Scale: The Universal Laws of Growth, Innovation, Sustainability, and the Pace of Life in Organisms, Cities, Economies, and Companies (New York: Penguin Press, 2017), 140.
17. "International Atomic Time (TAI)," Bureau International des Poids et Mesures, https://www.bipm.org/en/bipm-services/timescales/tai.html(accessed March 30, 2019).
18. "Insertion of a Leap Second at the End of December 2016," Bureau International des Poids et Mesures, https://www.bipm.org/en/bipm-services/timescales/leap-second.html (accessed March 30, 2019).
19. Luke Mastin, "Time Standards," Exactly What Is . . . Time? http://www.exactlywhatistime.com/measurement-of-time/time-standards/(accessed March 30, 2019).

第二章　形體與背景

1. Walter Benjamin, "On Some Motifs in Baudelaire," in *Illuminations:Essays and Reflections*, ed. Hannah Arendt, trans. Harry Zohn (New York: Schocken Books, 1969), 175.
2. Elizabeth Blair, "Some Artists Are Seeing Red over a New 'Black,' " NPR, March 3, 2016, http://www.npr.org/sections/thetwo-way/2016/03/03/469082803/some-artists-are-seeing-red-over-a-new-black.
3. "FAQs," Surrey NanoSystems, http://www.surreynanosystems.com/vantablack/faqs (accessed March 8, 2016)

4. "FAQs," Surrey NanoSystems.
5. "How Black Can Black Be?" BBC News, September 23, 2014, http://www.bbc.com/news/entertainment-arts-29326916.
6. "Nielsen: "Nearly Half of All Available Time Now Spent with Media," Insideradio.com, December 12, 2018, http://www.inside radio.com/free/nielsen-nearly-half-of-all-available-time-now-spent-with/article_7b988596- fddd-11e8-a4ec-9795e181ae0d.html.

第三章　尺度不對稱

1. F. W. Went, "The Size of Man," *American Scientist* 56, no. 4 (Winter1968): 409.
2. Went, "Size of Man," 407.
3. Molly Webster, "Goo and You," *Radiolab*, Podcast audio, January 17,2014, http://www.radiolab.org/story/black-box/.
4. Douglas Blackiston, Elena Silva Casey, and Martha Weiss, "Retention of Memory through Metamorphosis: Can a Moth Remember What It Learned As a Caterpillar?" in PLOS|ONE (March 05, 2008), DOI:10.1371/journal.pone.0001736.
5. Jim Al-Khalili and Johnjoe McFadden, "You're Powered by Quantum Mechanics, No Really . . . ," *Guardian*, October 25, 2014, http://www.theguardian.com/science/2014/oct/26/youre-powered-by-quantum-mechanics- biology.
6. Toncang Li and Zhang-Qi Yin, "Quantum Superposition, Entanglement, and State Teleportation of a Microorganism on an Electromechanical Oscillator," Cornell University, September 12, 2015, updated January 9, 2016, arXiv:1509.03763 [quant-ph].
7. Chris Anderson. *Free: How Today's Smartest Businesses Profit by Giving Something for Nothing* (New York: Hyperion, 2009), 12.
8. Anderson, *Free*, 52.
9. Anderson, *Free*, 154.
10. Anderson, *Free*, 128.
11. Anderson, *Free*, 161.
12. Carolyn Kellogg, "Chris Anderson's almost-'Free,' Kindle Price Drop and More Book News," *Los Angeles Times*, July 9, 2009, http://latimesblogs.latimes.com/jacketcopy/2009/07/chris-andersons-almost-free-and- more-book-news.html.
13. 彷彿這個由規模所推動的經濟鏡廳還不夠讓人困惑似的，我們必須指出Chris Anderson在出版了關於《免費與自由》這本專著後，隨即陷入了相當難以應付的醜聞之中：在Virginia Quarterly Review寫文章的Waldo Jaquith指控Anderson從各個地方剽竊內容……，例如維基百科。Anderson馬上承認他是不當引用，並表示那或多或少是他和出版商在引用方式上的技術錯誤。他宣稱負起責任，但所得到的諷刺是痛苦的。對剽竊者而言，敵人顯然不是沒沒無名，而是在網路上普及的耀眼光芒。Ryan Chittum, "LA Times Soft-Pedals Wired Editor's Plagiarism," Columbia Journalism Review, June 29, 2009, http://www.cjr.org/ the_audit/lat_softpedals_wired_editors_p.php?signup=1&signup-main=1&signup-audit=1&input- name=&input-email=&page=1.

14. Kevin Kelleher, "Amazon's Secret Weapon Is Making Money Like Crazy," *Time*, October 23, 2015, http://time.com/4084897/amazon-amzn-aws/.
15. Alex Hern, "Fitness Tracking App Strava Gives Away Location of Secret US Army Bases," *Guardian*, January 28, 2018, https://www.theguardian.com/world/2018/jan/28/fitness-tracking-app-gives-away-location-of-secret-us-army-bases.
16. Vera Bergengruen, "Foursquare, Pokemon Go, And Now Fitbit—The US Military's Struggle With Popular Apps Is Not New," Buzzfeed.news, January 29, 2018, https://www.buzzfeednews.com/article/verabergengruen/foursquare-pokemon-go-and-now-fitbits-the-us-militarys.
17. Doug Laney, "3D Data Management: Controlling Data Volume, Velocity, and Variety," Meta Group report, February 6, 2001, https://studylib.net/doc/8647594/3d-data-management-controlling-data-volume-velocity-an . . . (accessed June 24, 2019).
18. John Gantz and David Reinsel, "Extracting Value from Chaos," in IDC iView (Sponsored by EMC Corporation), June 2011, 1–12.
19. Jennifer Dutcher, "What is Big Data?" datascience@Berkeley, Berkeley School of Information, September 3, 2014, available at https://gijn.org/2014/09/09/what-is-big-data/.
20. Gantz and Reinsel, "Extracting Value," 7.

第四章　微不足道的暴力

1. Jameel Jaffer, "Artist Trevor Paglen Talks to Jameel Jaffer About the Aesthetics of NSA Surveillance," ACLU, September 24, 2015, https://www.aclu.org/blog/speak-freely/artist-trevor-paglen-talks-jameel-jaffer-about- aesthetics-nsa-surveillance.
2. Manoush Zomorodi and Alex Goldmark, "Eye in the Sky," *RadioLab*, podcast audio, June 18, 2015, http://www.radiolab.org/story/eye-sky/.
3. "Angel Fire," GlobalSecurity.org, http://www.globalsecurity.org/intell/systems/angel-fire.htm (accessed July 21, 2016).
4. Zomorodi and Goldmark, "Eye in the Sky."

5. Max Goncharov, “Russian Underground 101,” Trend Micro Incorporated Research Paper, 2012, 12.
6. “Digital Attack Map,” http://www.digitalattackmap.com (accessed December 2, 2015).
7. Igal Zeifman, “Q2 2015 Global DDoS Threat Landscape: Assaults Resemble Advanced Persistent Threats,” Blog, Incapsula, July 9, 2015, https://www.incapsula.com/blog/ddos-global-threat-landscape-report-q2-2015.html.
8. Emil Protalinski, “15-Year-Old Arrested for Hacking 259 Companies,” ZDNet, April 17, 2012, http://www.zdnet.com/article/15-year-old-arrested- for-hacking-259-companies/.
9. Associated Press and MSNBC Staff, “Teen Held over Cyber Attacks Targeting US Government,” Security on NBCnews.com, June 8, 2011, http://www.nbcnews.com/id/43322692/ns/technology_and_science-security/t/teen-held-over-cyber-attacks-targeting-us-government/# .
10. Mark Scott, “Teenager in Northern Ireland Is Arrested in TalkTalk Hacking Case,” *New York Times*, October 27, 2015, http//www.nytimes.com/2015/10/28/technology/talktalk-hacking-arrest-northern-ireland.html?_r=0.
11. Chris Pollard, “The Boy Hackers: Teenagers Accessed the CIA, USAF, NHS, Sony, Nintendo . . . and the Sun,” *Sun*, June 25, 2012, https://www.thesun.co.uk/archives/news/712991/the-boy-hackers/.
12. Samuel Gibbs and Agencies, “Six Bailed Teenagers Accused of Cyber Attacks Using Lizard Squad Tool,” *Guardian*, August 28, 2015, http://www.theguardian.com/technology/2015/aug/28/teenagers-arrested-cyber- attacks-lizard-squad-stresser.
13. Kim Zetter, “Teen Who Hacked CIA Director’s Email Tells How He Did It,” *Wired*, October 19, 2015, http://www.wired.com/2015/10/hacker-who- broke-into-cia-director-john-brennan-email-tells-how-he-did-it/.
14. Nicole Perlroth, “Online Attacks on Infrastructure Are Increasing at a Worrying Pace,” *Bits* (blog), *New York Times*, October 14, 2015, https://bits.blogs.nytimes.com/2015/10/14/online-attacks-on-infrastructure-are-increasing-at-a-worrying-pace/.
15. Perlroth, “Online Attacks.”
16. John Arquilla and David Ronfeldt, “The Advent of Netwar (Revisited),” in John Arquilla and David Ronfeldt, eds., *Networks and Netwars: The Future of Terror, Crime, and Militancy* (Santa Monica, CA: Rand Corporation, 2001), 6 –7.
17. 我要感謝Soyoung Yoon讓我注意到Obadikes的作品，以及在這些作品之中具有洞察力的論文。“Do a Number: The Facticity of the Voice, or Reading Stop-and-FriskData,” Discourse: Journal for Theoretical Studies in Media and Culture 39, no. 3 (2017).
18. Mendi and Keith Obadike, “Numbers Station 1 [Furtive Movements]—Excerpt,” filmed at the Ryan Lee Gallery, 2015, video, 2:47, YouTube, https://www.youtube.com/watch?v=PuLzv53gM_o (accessed November 14, 2018).

第五章　數字麻木

1. "Long and Short Scales," Wikipedia, https://en.wikipedia.org/wiki/Long_and_short_scales (accessed November 10, 2015).
2. In November 2014, technology writer and cofounder of *Wired* magazine Kevin Kelly posted the following message on Twitter: "No wonder I am confused. A billion is not a billion, a quadrillion not a quadrillion. Depends on where you live. Fix?" Twitter, November 20, 2014, https://twitter.com/kevin2kelly/status/535526708552945664.
3. "Long and Short Scales."
4. "Indian Numbering System," Wikipedia, https://en.wikipedia.org/wiki/Indian_numbering_system (accessed November 10, 2015).
5. Tom Geoghegan, "Is Trillion the New Billion?" *BBC News Magazine*, October 28, 2011, http://www.bbc.com/news/magazine-15478580.
6. David McCandless已經使這些事物具象化，我們現在能在他經營的了不起網站「Information Is Beautiful」上數算好幾兆美元的錢。"$Trillions," Information Is Beautiful, https://informationisbeautiful.net/visualizations/trillions-what-is-a-trillion-dollars/.
7. Geoghegan, "Is Trillion the New Billion?"
8. 提升情感的兩個重要關鍵是形象和關注。如同Paul Slovic在"*Psychic Numbing and Genocide*"所寫的，「隱含在這個經驗系統的情感作用之下的是形象的重要性，該系統中的形象不僅包含視覺影像，它們儘管重要，但此外還有文字、聲音、氣味、記憶，以及我們想像力的產物。」Paul Slovic, "Psychic Numbing and Genocide," American Psychological Association, November 2007, http://www.apa.org/science/about/2007/11/slovic.aspx.
9. Mass shooting data from "Past Summary Ledgers," Gun Violence Archive, https://www.gunviolencearchive.org/past-tolls (accessed May 4, 2019); election spending in the U.S. from "The Cost of Election," OpenSecrets .org, https://www.opensecrets.org/overview/cost.php (accessed May 4, 2019).
10. David McCandless, "The Billion Dollar-o-Gram 2013," Information Is Beautiful, http://informationisbeautiful.net/visualizations/billion-dollar-o-gram-2013/(accessed December 9, 2015).
11. 我要感謝我的同事Mindy Fullilove博士，她讓我注意到這個「四百年來的不平等」架構。她的倡議見於http://www.400yearsofinequality.org.
12. Tatiana Schlossberg, "Japan Is Obsessed with Climate Change. Young People Don't Get It," *New York Times*, December 5,

2016, https://www.nytimes.com/2016/12/05/science/japan-global-warming.html.
13. Hendrik Hertzberg, *One Million* (New York: Abrams, 2009), x.

第六章　按比例縮放視域

1. Astronaut photograph AS17-148-22727 courtesy NASA Johnson Space Center Gateway to Astronaut Photography of Earth, https://eol.jsc.nasa.gov/SearchPhotos/photo.pl?mission=AS17&roll=148&frame=22727.
2. Kees Boeke, *Cosmic View: The Universe in 40 Jumps* (New York: John Day, 1957).
3. Within the powers of ten, however, a subtle categorical shift in kind happens along the sliding scale, as social units (individual, family, community) become geographical units (the city, the region, the country, etc.). This happens, in part, because we have difficulty conceiving of social units that span the population of a city.
4. Michael Pollan在他的著作"*The Botany of Desire: A Plant's Eye View of the World*" (New York: Random House, 2001)中證明，四種特定的栽培品種（蘋果、鬱金香、大麻、馬鈴薯）如何利用人類的癖性來促進它們自身的遺傳進程，讓我們知道忽視它們的代理能力，會讓我們陷入短視和危害環境的風險。
5. "Bicycle Production Reaches 130 Million Units," Worldwatch Institute, http://www.worldwatch.org/node/5462 (accessed February 3, 2016). They get their figures from "World Players in the Bicycle Market," in John Crenshaw, "China's Two-WheeledJuggernaut Keeps Rolling Along," *Bicycle Retailer and Industry News*, (April 1, 2006), 40.
6. The imagery that follows for this example draws upon Google Maps' satellite imagery of New York City. Map data copyright © Google, Maxar Technologies.
7. Donella Meadows, *Thinking in Systems* (White River Junction, VT: Chelsea Green Publishing, 2008), 108.

第七章　兩者之間

1. Cade Metz, "Google Is 2 Billion Lines of Code—and It's All in One Place," *Wired*, September 16, 2015, http://www.wired.com/2015/09/google-2-billion-lines-codeand-one-place/.
2. "Linux Kernel Development: Version 4.13," The Linux Foundation, https://www.linuxfoundation.org/2017-linux-kernel-report-landing-page/ (accessed on March 30, 2019).

3. Linus Torvalds, quoted in Steven Weber, *The Success of Open Source* (Cambridge MA: Harvard University Press, 2004), 55.
4. Weber, *Open Source*, 67.
5. Linus Torvalds, quoted in Weber, *Open Source,* 90.
6. "Usage Share of Operating Systems," Wikipedia, last modified December, 19, 2018, https://en.wikipedia.org/wiki/Usage_share_of_operating_systems (accessed December, 21, 2018).
7. Quentin Hardy, "Microsoft Opens Its Corporate Data Software to Linux," *New York Times*, March 7, 2016, https://www.nytimes.com/2016/03/08/technology/microsoft-opens-its-corporate-data-software-to-linux.html.
8. 二〇一八年九月，*New Yorker*報導Linus Torvalds正退出他在Linux原始碼中扮演的「善意獨裁者」角色，以應付他在管理軟體發展的過程中對他人刻薄及辱罵的言論。Noam Cohen, "After Years of Abusive E-mails, the Creator of Linux Steps Aside," New Yorker, September 19, 2018, https://www.newyorker.com/science/elements/after-years-of-abusive-e-mails-the-creator-of-linux-steps-aside.

第八章　野豬與棘手難題

1. Paul Ehrlich and Anne Ehrlich, *The Population Explosion* (New York: Simon & Schuster, 1990), 36–37.
2. John Morthland, "A Plague of Pigs in Texas," Smithsonian.com, January 2011, http://www.smithsonianmag.com/science-nature/a-plague-of-pigs-in-texas-73769069/#Mj1QzdFSOEhxZDVu.99.
3. Kyle Settle, "Virginia Feral Hog Population Becoming a Major Nuisance," Wide Open Spaces, October 2, 2014, http://www.wideopenspaces.com/feral-hog-population-exploding-virginia/.
4. Morthland, "Plague of Pigs."
5. Horst Rittel and Melvin Webber, "Dilemmas in a General Theory of Planning," *Policy Sciences* 4 (1973), 169.
6. Christopher C. M. Kyba et al., "Artificially Lit Surface of Earth at Night Increasing in Radiance and Extent," Science Advances, November 22, 2017, https://advances.sciencemag.org/content/3/11/e1701528.
7. Donella Meadows, *Thinking in Systems* (White River Junction, VT: Chelsea Green Publishing, 2008), 168–9.
8. Meadows, *Systems*, 170.
9. Meadows對設計加把勁——「系統無法被控制，但能被設計和重新設計。」(Meadows, Systems, 169)。Rittel與Webber也達成類似的結論，「社會問題從未得到解決。它們頂多只是一再被解決——一而再，再而三。」

(Rittel and Webber, "Dilemmas," 160).

10. Tom Vanderbilt, "The Traffic Guru," *Wilson Quarterly*, Summer 2008, http://archive.wilsonquarterly.com/essays/traffic-guru.
11. Vanderbilt, "Traffic Guru."
12. 感謝我的外甥Andrew Verville仔細觀察街上的招牌數量，提供我詳細的現況調查。
13. Vanderbilt, "Traffic Guru."

第九章　在場感

1. George E. P. Box, J. Stuart Hunter, and William G. Hunter, *Statistics for Experimenters: Design, Innovation and Discovery*, 2nd ed. (Hoboken, NJ: Wiley Interscience, 2005), 440.
2. Jorge Luis Borges, "On Exactitude in Science" in *The Aleph and Other Stories*, trans. Andrew Hurley (New York: Penguin, 2000), 181.
3. Casey N. Cep, "The Allure of the Map," *New Yorker*, January 22, 2014.
4. Bill Gaver, "SonicFinder," uploaded 2016, video, 2:44, Vimeo, https://vimeo.com/channels/billgaver/158610127. Thanks to Shannon Mattern for this reference.
5. Mark Wilson, "75% of Ikea's Catalog Is Computer Generated Imagery: You Could Have Fooled Us. Wait, Actually, You Did," *Fast Company*, August 29, 2014, https://www.fastcompany.com/3034975/75-of-ikeas-catalog-is-computer-generated-imagery.
6. Jonathan Foote, "Ethos Pathos Logos: Architects and Their Chairs," in *Scale: Imagination, Perception, and Practice in Architecture*, eds. Gerald Adler, Timothy Brittain-Catlin, and Gordana Fontana-Giusti (New York: Routledge, 2012), 160.

重新丈量世界——二十一世紀數位時代知識論

Not to Scale: How the Small Becomes Large, the Large Becomes Unthinkable, and the Unthinkable Becomes Possible

作　　者　傑默爾·洪特 (Jamer Hunt)
翻　　譯　劉盈成
封面設計　蔡佳豪
內頁排版　高巧怡
行銷企劃　林瑀
行銷統籌　駱漢琦
業務發行　邱紹溢
責任編輯　李嘉琪
總 編 輯　李亞南
出　　版　漫遊者文化事業股份有限公司
地　　址　台北市松山區復興北路331號4樓
電　　話　(02) 2715-2022
傳　　真　(02) 2715-2021
服務信箱　service@azothbooks.com
網路書店　www.azothbooks.com
臉　　書　www.facebook.com/azothbooks.read
營運統籌　大雁文化事業股份有限公司
地　　址　台北市松山區復興北路333號11樓之4
劃撥帳號　50022001
戶　　名　漫遊者文化事業股份有限公司
初版一刷　2021年1月
初版三刷第一次　2021年4月
定　　價　台幣380元
ISBN　978-986-489-417-8

版權所有·翻印必究（Printed in Taiwan）
本書如有缺頁、破損、裝訂錯誤，請寄回本公司更換。

Not to Scale © 2020 by Jamer Hunt
This edition is published by arrangement with Aevitas Creative Management, through The Grayhawk Agency. Translation copyright © 2021, by Azoth Books Co.,Ltd.

azoth books 漫遊者
漫遊，一種新的路上觀察學
www.azothbooks.com
漫遊者文化

遍路文化 on the road
大人的素養課，通往自由學習之路
www.ontheroad.today
遍路文化·線上課程

國家圖書館出版品預行編目 (CIP) 資料

重新丈量世界/ 傑默爾. 洪特(Jamer Hunt) 著 ; 劉盈成
譯. -- 初版. -- 臺北市 : 漫遊者文化事業股份有限公司
出版 : 大雁文化事業股份有限公司發行, 2021.01
面； 公分
譯自 : Not to scale : how the small becomes
large,the large becomes unthinkable,and the
unthinkable becomes possible.
ISBN 978-986-489-417-8(平裝)
1. 思考策略2. 社會變遷 3. 價值標準
541.4 109020407